400年前なのに最先端！

Marketing of EDO STYLE

江戸式マーケ

川上徹也
Tetsuya Kawakami

文藝春秋

はじめに

江戸時代の日本は、世界に誇れる 革新的な「マーケティング」で溢れていた

●ビジネス書でもあり歴史エンタメ本でもある

　本書は、江戸時代の起業家たちのマーケティング戦略・イノベーション・ビジネスモデルなどを、わかりやすく解説したものです。これらをまとめて「江戸式マーケ」と名づけました。さらに、それに近いマーケティング戦略を現代において実行している企業についても紹介しています。

　ビジネス書であるのと同時に、日本史から楽しく学べるエンタメ本を目指しました。わかりやすさを優先しているために、歴史的な事実に関して、正確性を追求しすぎるよりも、できるだけ要点に絞って記述するように心がけました。より直感的に理解してもらうために、要所要所でグラフィック・レコーディング（グラレコ）という手法で用いられるイラストを使っています。

●きっかけは、元祖バカ売れコピー

　今から7年前、大ヒットしたコピーの元祖というべきものが何かを調べたことがあります。その時、三井高利という天才商人が生み出した「現金安売り掛け値なし」というフレーズに行き当たりました。さらに調べてみると、三井高利は、かの経営学者ピーター・ドラッカーがその著書の中で「マーケティング

の元祖である」と絶賛したぐらい、凄腕のマーケターだったことがわかったのです。

そこから江戸時代の商人について興味を持ち、調べるようになりました。すると、江戸時代には革新的なビジネスモデルを作り上げ、イノベーションを起こした起業家たちがたくさんいることがわかったのです。現在のビジネスシーンにおいてもヒントになるし、話のネタにもなる。何より知的好奇心が満たされる。

しかもそのほとんどは、日本史の教科書に名前すらも出てこない。おそらく知らない人も多くいるはず。だとしたら、それら人物の偉業をわかりやすくまとめて、楽しく読める本を出版することには意義があり、自分の役割だと考えるようになりました。それが本書を執筆するに至った経緯です。

● 200年超老舗企業王国・日本

日経BPコンサルティング・周年事業ラボの調査（2020）によると、創業200年以上の老舗企業は世界中に2051社あり、そのうち日本の企業だけで1340社にのぼるそうです。つまり世界の200年超老舗企業の65%が日本にあるのです。これは驚異的なことであり、もっと世界に発信してもいいのではないでしょうか？

本書で紹介した「三井」「三越」「大丸」「西川」「にんべん」「山本山」「豊島屋」「山本海苔店」「国分」「榮太樓總本舗」なども、200年超老舗企業です（※）。

では、なぜ日本にはそのような老舗企業が多いのでしょう？

その理由は様々で、ひとつに絞ることはできません。ただ「創

業者がどのようなビジネスモデルで起業したか」「代々の経営者がそれをどのように受け継ぎながら新しいイノベーションを起こしてきたのか」を知ることは、その理由を類推する上で大きなヒントになるはずです。

　起業した会社の9割以上が10年以内に廃業すると言われている現在においては、特に学ぶべきことが多いでしょう。

※本書では現在は存続していない企業（蔦屋耕書堂）・藩（佐賀藩・富山藩）・個人（河村瑞賢・伊能忠敬）なども取り上げています。

●愚者は経験に学び、賢者は歴史に学ぶ

　ドイツ帝国で鉄血宰相といわれたオットー・フォン・ビスマルクの言葉です。

　論語には「故きを温ねて新しきを知る」という言葉もあります。

　もちろん最新のビジネスモデルやマーケティング手法を学ぶことも大切ですし、参考になるでしょう。しかし、古い事例の中にこそ、本質が隠れている場合が多々あります。

　その場合、**重要なのは、古い事例を抽象化する能力です**。たとえば三井高利の現金販売は、当時としては画期的なイノベーションですが、現在においては当たり前（キャッシュレス時代ではむしろ古い）なビジネスモデルと言えるでしょう。

　しかし当時の「現金販売」は、抽象化すると「顧客志向で今まで常識とされてきた古い商習慣を打破する画期的な販売方法」となります。それに沿って考えていけば、たとえば以下のようなビジネスモデルが発見できるかもしれません。

・予約テイクアウト専門
・キャッシュレス無人非接触販売
・原価率の高いおいしいハンバーガーを安心安価で提供

　これは、2021年5月現在、東京・中目黒で大人気になっている「ブルースターバーガー」のビジネスモデルです。

　現在における10年の変化は、江戸時代の100年分の変化に相当するかもしれません。このように変化が激しい時代であるからこそ、故きを温ねて、歴史から学ぶことが大切ではないでしょうか？

　本書がきっかけになり、あなたに何か新しいビジネスのアイデアが浮かんだり、江戸時代の起業家たちについてより深い興味を抱くきっかけになったのであれば、著者としてはこれほどの喜びはありません。

川上徹也

（補足）
・江戸商人に関しては、その当時に記録されたものよりも、後に脚色や独自の解釈が加えられている資料が多いのが実情です。そのため、資料によって書かれている内容が異なることが多々ありました。本書は専門書ではないので、正確性を追求するよりも、わかりやすさおもしろさを優先しています。あらかじめご了承ください。
・江戸時代の貨幣価値を現在に置き換えることは非常に難しいと言われています。何を基準に比較するかによって大きく変わるからです。また時代による価値の変化も激しく、開幕当初に比べると幕末は1両の価値が10分の1以下になりました。本書ではわかりやすさを優先して1両＝10万円という説を採用しています。
・登場人物（江戸時代）の年齢に関しては、当時の慣例であった数え年での記述を採用しています。

目次

第 **2** 章 蔦屋重三郎「耕書堂」

日本初! 本格的
コンテンツ・マーケティング

第 **3** 章 富山藩二代目藩主前田正甫&越中富山の薬売り

200年以上続く
「顧客信用ビジネス」を確立

第 **4** 章　**大丸 下村彦右衛門正啓**

京・大坂発の 『ビジョナリーカンパニー』

第**8**章 山本山 五代目山本嘉兵衛

お茶の「産地ブランディング」

第 11 章 佐賀藩 第十代藩主 鍋島直正

徹底した「組織改革」で どん底から最強藩へ

第 1 章

三井高利「三井越後屋」

ドラッカーも絶賛!
マーケティングの
元祖

商売に限界はない!

三井高利（みつい・たかとし）

1622〜1694年◎三井グループの源となる三井越後屋の創業者。伊勢国松坂に生まれ、14歳で江戸に出て呉服屋を営む兄の店で丁稚奉公から始める。18歳で実質的に店を仕切るようになり、兄の店を飛躍的に拡大させる。しかしあまりの商才を兄から恐れられ、28歳の時、母の看病という口実で故郷に戻される。それ以降、24年間松坂で金融業を営みながら時を待ち、52歳で江戸に呉服店「三井越後屋（のちの三越）」を出店。「現金（銀）安売り、掛け値なし」など練りに練ったビジネスモデルで、様々なタブーを打ち破り、江戸に流通革命をもたらした。 経営学者ピーター・ドラッカーをして「マーケティングは、日本で三井家の始祖（三井高利）によって発明された」と言わしめたほどの凄腕マーケターである。

三井越後屋の
「マーケティング戦略」のポイント

徹底した顧客志向で
老舗が建ち並ぶ日本橋に
流通革命を起こす

1
シェアリング+社会問題解決+無料PR戦略
「番傘」の無料貸出

2
ダイレクトマーケティング+価格戦略
店頭切り売り販売

3
広告戦略+効果測定
現金安売り掛け値なし

4
ブランド戦略
「暖簾印」で
ブランドイメージ統一

5
ブルーオーシャン戦略+ホールディングス制
事業を多角化し
日本初のホールディングス化

●三井高利、52歳で悲願の江戸進出

　三井越後屋（以下越後屋）は、延宝元（1673）年、江戸本町一丁目（現在の中央区日本橋本石町 日本銀行近く）に開業しました。まわりには徳川幕府が開かれた時に、京や大坂からやってきた老舗の大店が建ち並んでいる一等地です。

　同時に京にも仕入れ専門店を開いた三井高利は、長男に京都店を、次男に江戸店を任せ、本人は松坂にいながら事業を指揮しました。

　当初、江戸店は間口わずかに九尺（約2.7ｍ）の小さな店でしたが、あっという間に大繁盛店になります。三男はその様子を「千里の野に虎を放ったような勢いであった」と記しています。その分、まわりの同業者からの嫌がらせも激しく、火事で延焼したのを機に、天和3（1683）年に駿河町（現在の中央区日本橋室町三越本店付近）に移転。そこから大躍進を遂げ、やがて幕府御用達店になり、江戸一の豪商になるのです。

●現在にも応用できるマーケティング手法

　高利は現在にも応用できるビジネスモデルを開発し、卓越したマーケティングを実行することで、江戸のビジネスにイノベーションを起こしました。

　その戦略・戦術を順番にご紹介していきましょう。まずは、**越後屋の名前を江戸中に広め、ブランド価値を上げる役割を果たした「番傘の無料貸出」**です。

1

「番傘」の無料貸出
── シェアリング・エコノミーは江戸にもあった?!

●傘を貸して社会問題を解決

　越後屋は、ロゴマークが大きく入った傘を常に大量に準備していました。そして、にわか雨が降ると、店頭でその傘を貸し出すサービスを実施したのです。顧客はもちろん、客以外の通行人にも貸し出しました。

　当時、傘は大変高価なものでした。現在のビニール傘のように安価で気軽にどこにでも売っている商品はありません。折り畳み傘も当然ありません。多くの町民は、濡れるか雨宿りしてやむのを待つしかなかったのです。雨に打たれて風邪をこじらせるなんてことも当然あったでしょう。

　そんな傘を無料で貸してくれるのですから、町人にとって、こんなにありがたいサービスはありません。現在流行している「シェアリングサービス」の先駆けでもあり、社会問題の解決にも役立つイノベーションでした。

●町人を「歩く広告塔」に

　しかし、これは慈善事業としてだけ実施されたわけ

ではありません。新参者の越後屋の名前を江戸中に知らしめる大きな役割があったからです。にわか雨が降ると、江戸のあちらこちらで「越後屋」のマークが入った傘が開きました。その様子は、「江戸中を越後屋にして虹が吹き」「呉服屋の繁昌を知るにわか雨」などという川柳にもうたわれているほどです。日本橋に店を構える呉服屋は、町人にとっては高嶺の花。今で言うブランドショップのようなものですから、越後屋の傘をさしていること自体が、ちょっとしたステータスだったと思われます。広告換算すると莫大な金額になり、大きなブランディング効果がありました。

2 ダイレクトマーケティング＋価格戦略

「店頭販売」という革命
──慣習を破壊し、顧客志向を徹底

●「屋敷売り」から「店前売り」へ

　当時の呉服商は、得意先の屋敷を訪ねて商品を販売する「屋敷売り」が主流でした。越後屋が採用した**「店前売り」**とは、客の要望や予算を聞きながら、店舗で商品を対面で販売する方法です。お客さんにとっては、必要な時に店に出向き、いろいろな商品を見比べることができるというメリットがありました。

●「掛け売り」から「現金正価販売」へ

　掛け売りは、年に2回、盆と暮れの「掛け払い」のことで、江戸では一般的な手法でした。ただし、現金化が遅れるため呉服商

にとっては資金の回転が悪く、貸し倒れなどのリスクがありました。そのリスクを負う分が価格に反映され、結果として呉服は庶民には手が出ない高価格商品になっていました。また、「掛け払い」のために顧客によって価格も異なるのが普通だったのです。

　三井越後屋は、この慣習を店舗の商品に値札をつけることで、**「現金払い」**に変えました。「現金払い」には貸し倒れなどのリスクがありません。そのため低価格での販売が実現できたのです。越後屋はその代わりに値引きはしない同一価格を打ち出しました。

●「一反単位の販売」から「切り売り」へ

　越後屋はそれまでの常識だった「一反単位での販売」から、客が必要な分だけ反物を切って販売する**「切り売り」**を採用します。これは呉服屋業界の慣行を破ったもので、周囲を驚かせました。

　たとえば子供に呉服を買おうと思っても、これまでは布が余ってしまうから高くつくと親は躊躇するのが一般的でした。そこに「切り売り」が登場し、親が子供に買うニーズを取り込むことに成功したのです。その結果、幼少期から越後屋の顧客になり、のちにその子供が結婚する時にも利用してもらえるようになりました。

●「時間がかかる仕立て」から「即座仕立て」へ

　今までは納期まで時間がかかっていたものを、即座に仕立てて渡す**「即座仕立て」**も実施。お客さんは再び来店する手間がなくなり好評を得ました。これも慣習を打ち破る、越後屋の「顧客志向」を表すイノベーションです。

3

「現金安売り掛け値なし」
——日本初！ 1行バカ売れコピー

●本邦初の大々的な広告キャンペーン！

越後屋は、「店頭販売」などの画期的な販売方法を世の中に広めるために、広告に力を注ぎました。結果として越後屋は、日本における広告の先駆けとも言える存在になったのです。

特筆すべきは天和3（1683）年、本町から隣の駿河町に引っ越して再オープンする際、日本初と言われる引札（現在のチラシ）を使っての大々的な広告を実施したことでしょう。

その時のキャッコピーは**「現金安売り掛け値なし」**です。これは「どんなお客さんにも値札通りの安い値段で提供します」という宣言でした。

● 世界初?!　広告測定を実施

この「現金安売り掛け値なし」の引札は、江戸中に5万枚以上も撒かれたと言われています（当時の江戸の人口は約50万人と推定されるので、その広告の規模が想像できるはずです）。それに加えて越後屋は、この広告の効果測定を実施しました。結果、売り上げは3カ月間にわたって60％増を記録しました。このような広告測定は、世界初と言われています。

その後も越後屋は江戸時代を通して何度か広告測定を行っています。

4 ブランド戦略

「暖簾印」による ブランドイメージ統一
──家紋を変えて新しいブランドロゴを

三井越後屋の店章

駿河町で再オープンをする頃、三井越後屋は、それまでの家紋に替えて、新たに暖簾印と呼ばれる店章（現在のブランドロゴ）を定めました。先祖から伝わる家紋を変える異例の決断でしたが、その後、越後屋は、暖簾や看板はもとより、風呂敷や番傘にもロゴを使い、ブランドイメージを統一することになります。今で言うブランディングですが、このマークは段々と浸透していき、のちに幕府の御用達となってからは、信頼の証となりました。越後屋の暖簾印（○と井桁と三）は、それぞれ天地人を表しています。

● 店を江戸の観光名所に

越後屋があった駿河町は、駿河の國の富士山を望むことからつけられました。ここからの富士山の眺望は江戸一と言われていたこともあり、江戸時代に有

江戸の観光名所になった越後屋の店頭

数の観光名所となり、浮世絵などによく描かれることになります。店の様子も描かれることから、当然越後屋のブランド価値も上がったのです。

●徹底した顧客志向で新規参入に成功

高利は「商いの道、何にても、新法工夫いたすべく候（商売をするなら何にでも創意工夫しなさい）」という言葉を残しています。今までみてきた徹底した顧客志向は、当時の江戸の激戦区・日本橋で新参者の越後屋が生き残っていくために生まれたものでした。

高利は「これからは町人が消費の主役になる」と分析し、顧客をこれまでの大名・旗本・豪商などの富裕層から、町人に替えたのです。さらに高利は旧来の販売法を破壊し、町人たちが買いやすいような価格や販売方法に変えました。その結果、越後屋は江戸の町民から圧倒的な支持を得たのです。

5 ブルーオーシャン戦略

今までにない「商機」を創り出す
── 両替商としても大成功

●越後屋、両替商に進出する

天和3（1683）年、高利は62歳のときに駿河町（現在の日

本橋室町）の店舗を拡大しました。南側の地を東西に分けて、東側を呉服店、西側を両替店としたのです。これが後の三越百貨店、三井銀行（現三井住友銀行）の元になります。

　江戸時代の貨幣制度は、金・銀・銅（銭）の3種類からなる三貨制度で、単位の数え方や呼び名も違い、商品によって代金を支払う貨幣も違うのが当たり前でした。幕府が定めたレート「金1両」＝「銀60匁（もんめ）」＝「銭4千文：4貫文」はありましたが、相場はその時々で頻繁に変わるので、買い物の時は計算が大変です。また高額取引では、江戸では「金」が使われ、上方（京・大坂）では「銀」が使われるという独自の風習（「江戸の金遣い、大坂の銀遣い」）もあり、とても複雑だったのです。町人の間でも経済活動が盛んになってくると、それぞれの通貨を両替する必要が生まれます。高利はそこにいち早く目をつけたのです。

●為替差益に目をつけ大儲け

　貞享3（1686）年、高利（65歳）は仕入れ店のあった京でも両替商を開き、東西間の為替業務を行なうようになります。当時は前述したように江戸と上方で使われる貨幣が違うことで、様々な問題が発生していました。越後屋の江戸での売り上げは金貨ですが、仕入れの京・西陣で使われるのは銀貨。両替コストや為替変動リスクが大きかったのです。

　この両替商の事業は、のちに経済活動が活発化するにしたがって巨大な富を生むようになります。そして**単なる両替にとどまらず、お金の預かり、貸し付け、送金など、現在の銀行の役割を果たすようになっていきます。**

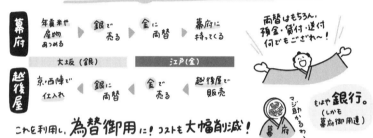

●幕府の為替御用に

　幕府も各藩から上納金を集める際、この貨幣制度の違いに困っていました。全国の各藩から年貢米や産物が集まってくるのは天下の台所大坂。そこでは銀貨で売買されます。それを金貨に両替し、江戸まで数十日かけて現金輸送していたからです。コストもかかるし、盗難の危険もあります。

　この幕府のお金の流れは、越後屋のお金の流れとちょうど逆でした。これに目をつけた高利は、自ら幕府に「公金為替」の仕組みを提案します。「公金為替」とは、越後屋が、「幕府の大坂御用金蔵から公金を銀貨で預かり、60日後（のちに90日後）、江戸の御金奉行に金貨で納付する」というもの。この提案は幕

府にとってもメリットが大きかったため採用に至ったのです。

越後屋は「大坂御金蔵銀御為替御用」となり、大坂高麗橋にも両替店と呉服店を開業することになります。公金為替自体の利幅はわずかでも、巨額の公金を数カ月間無利子で運用できるメリットは大きいものでした。また、京の仕入れは大坂で受け取った銀貨を使い、江戸での納付は店での売上金から行なえることから、**現金を運ぶ必要もなくなり莫大なコスト削減に繋がったのです。**

6 ホールディングス制
自分の死後にも
イノベーションを

高利は、自らの亡きあとも三井家の繁栄が続くよう様々な手を打ちました。72歳の時、自分の寿命が長くないという思いから、家法を考え、その腹案を子供に示します。彼らと合議して最終決定を下し、『宗寿居士古遺言』にしました。

その根本は「一家一本、身上一致」。財産を分割して相続させることをせず、事業体と資本を兄弟の共有財産として一族で経営。それぞれの家が、毎年事業上の利益から定率の配当を受け取る仕組みにしました。要は、誰かひとりに家督を継がせるのではなく、兄弟一致して「三井家」という事業を永続させるようにと考えたのです。嫡男のみが事業を継ぐことが一般的だった時代において、この考え方は斬新でした。

長男・高平は、高利の遺言をもとに、宝永7（1710）年、京に「三井大元方」を設置。これは、三井家の江戸・大坂・京都の全事業を統括する最高統制機関であり、三井家の資産を一括管理する機関でした。一族の者が起業する際には、その資金の貸し出しも行ないました。現在でいう、ホールディングス制の先駆けとも言える制度であり、まさに、高利の遺言の精神を引き継ぐものでした。

　その後も、この制度を子孫たちが守っていったため、江戸時代はもとより、幕末の動乱も乗り越えました。三井家は明治維新後も、三井財閥（現三井グループ）としてさらに発展していくのです。

●あの有名人たちも越後屋を大絶賛！

ピーター・ドラッカー

「マーケティングは1650年頃、日本で三井家の始祖（三井高利）によって発明された。 シアーズ・ローバック（アメリカのデパート）の基本方針よりも優に250年も先んじていた。それだけでなく彼は、当時の日本の社会変動によって新

©photo by Jeff McNeill

たに都市化した、紳士階級［武士］と新興ブルジョアジー［町人］という新しい潜在的顧客が創出されたことに目をつけた」

『マネジメント』野田一夫、村上恒夫監訳（ダイヤモンド社）より要約

井原西鶴

「三井九郎右衛門という男（高利のこと）は、すべて現金売りで掛値なしということに定めて、四十人余りの利口な手代を自由にあやつり、一人に一種類の品物を担当させた。そんなふうであるから、家業が繁昌し、毎日金子百五十両平均の商売をしたという。この店の主人を見るに、目鼻手足があって、ほかの人と変わったところもないが、ただ家業のやり方にかけては人とは違って賢かった。**大商人の手本であろう」**

『日本永大蔵』掘切実訳（角川メフィア文庫）より要約

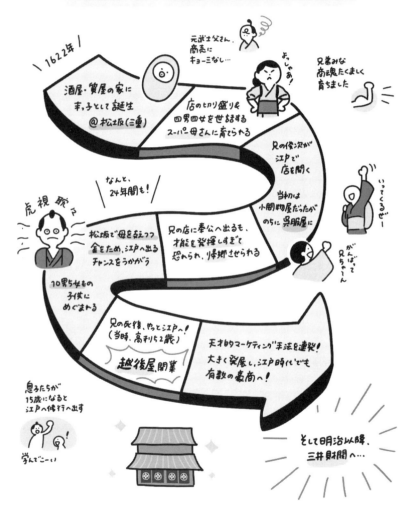

\ ドラッカーも絶賛。流通に革命をもたらした経営者 /

三井高利の一生

1622年

酒屋・質屋の家に
末っ子として誕生
@松坂(三重)

元武士父さん、
商売に
キョーミなし…

よっしゃあ！

兄弟みな
商魂たくましく
育ちました

店の切り盛り＆
四男四女を世話する
スーパー母さんに育てられる

兄の俊次が
江戸で
店を開く

当初は
小間物屋だったが
のちに呉服屋に

いってくるぜー

虎視眈々

なんと、
24年間も！

松坂で母を支えつつ
金をため、江戸へ出る
チャンスをうかがう

兄の店に奉公へ出るも、
才能を発揮しすぎて
恐れられ、帰郷させられる

がんばって
兄ちゃーん

10男5女もの
子供に
めぐまれる

兄の死後、やっと江戸へ！
(当時、高利52歳)

越後屋開業

天才的マーケティング手法を連発！
大きく発展し、江戸時代でも
有数の豪商へ！

息子たちが
15歳になると
江戸へ修行へ出す

学んでこーい

そして明治以降、
三井財閥へ…

「傘シェアリング」はこう進化した

　越後屋が始めた傘のシェアリングサービスは現代にも受け継がれています。特にここ数年、いろいろな傘のシェアリングサービスが登場しました。大きく以下の2つの方向性があります。

① 社会貢献活動の一環
② ビジネスとして成立させる

　どちらの方向性にも大きな問題がありました。貸し出した「傘」が戻ってこないという問題です。

●中国では苦戦続き？

　中国の深圳を拠点とするスタートアップ「Sharing E Umbrella」は2017年4月、1000万元（約1億5千万円）の予算を投じて傘シェアリングサービスを国内11の都市で開始しました。デポジット（預かり金）を取り、あとは利用料（30分1元≒15円）を取るというシステムです。計30万本のシェア用傘を国内11の都市で開始しました。しかしこの事業は、たった数週間で破綻してしまいます。ほとんどの傘が戻ってこなかったからです。デポジットを取り、傘にロックがかかる管理システムがあったにもかかわらずです。

2018年には、「摩傘（モーサン）」という傘のシェアビジネスが上海などで始まりました。基本は「Sharing E Umbrella」と同じ仕組みですが、デポジットを高くして傘の返却場所を設置しました。その後、中国では、他にも数多くの傘のシェアリングサービスが起業されましたが、今のところ、大きな成功には繋がっていないようです。

要因としては、①天候に大きく作用される、②雨が降ると駅前で安価な傘が売り出される、③晴れた日に傘を持って返却するのは面倒、などが考えられます。

● 「アイカサ」はなぜ返却率100%なのか？

日本でも傘のシェアリングは、いろいろな場所で試験的に実施されましたが、その多くが社会貢献的な意味合いが強いものでした。しかも、やはり傘の返却率は悪く、打ち切りになってしまうケースが目立ちます。2016年3月、北海道新幹線開業に合わせて、函館市が傘のシェアリングサービスを実施しましたが、用意した2300本のうち2100本が戻らず、1年間で終了してしまいました。

そんな中、2021年現在、注目を浴びている傘のシェアリングサービスがあります。2018年、丸川照司が大学を中退して創業したNature Innovation Groupが提供するサービス「アイカサ」です。

「アイカサ」はLINEのアプリを使用します。傘のロックや管理システムは、中国のシェアリングサービスを参考にして製造を委託。傘のレンタルは1回24時間70円。使い放題プランで月額280円。課金上限を月420円にすることで、ビニール傘を

買った方が安いということを避けるようにしました。アイカサの返却率は99%のことです。これはユーザーの決済情報を登録して、借りっぱなしだと追加料金が発生するためだと考えられます。

　ビニール傘の市場規模は約400億円。丸川は、「大手が参入するにはニッチな市場だけど、スタートアップが狙う市場としては十分に魅力的だ」と考えました。また「東京都内だけでも年間2000万本ものビニール傘が購入され、その多くが捨てられるか使われずにオフィスや自宅に貯め置かれていることに、大きな無駄を感じました。傘のシェアリングはその無駄をなくす上に、傘を持ち歩かなくていいという人々の生活を便利にするものです。そこに事業性を感じます」と語っています。
「アイカサ」は、鉄道会社、コンビニ、自治体などと提携し、かなりの勢いで広がっています。 ここに、越後屋のような企業の広告やブランディングに繋がるものや、持つとステータスを感じる要素が入ると、さらに収益性が高まるかもしれません。

日本初の
デパートメントストア「三越」

●越後屋、三井グループを離れる

　革新的な商法で江戸を席巻した越後屋呉服店でしたが、幕末から明治にかけて深刻な経営不振に陥りました。武家社会の崩壊で大得意先を喪失した上に、三井高利が考案した画期的な商法も、この頃になると同業者の間で一般的になってしまっていたのです。

　三井の統括機関である大元方は、何度も救済に乗り出しますが、成果は挙がりません。かつてグループの中心だった呉服店は、完全にお荷物と化していたのです。

　明治5（1872）年、明治政府から三井首脳部に「呉服業から撤退して銀行設立に専念せよ」という指示がありました。政府は、日本に銀行制度を確立してその中心に三井を据えようと考えていたので、呉服店の不振が悪影響を及ぼさないか心配していたのです。

　政府には逆らえない。しかし、伝統の家業を廃業するわけにもいかない。三井家は苦渋の決断で、呉服業を分離した上で、新たに設立した「三越家」に譲渡する形を取りました。「三越」の二文字は、三井と越後屋からそれぞれ一文字ずつ取ったものです。店章も「丸に井桁三」から「丸に越」に改められました。

● 「デパートメントストア宣言」で復活ののろし

明治の中期、越後屋は一度三井家に戻り「三井呉服店」となります。その後、三井銀行出身の日比翁助（ひびおうすけ）が中心となり、欧米のデパートを研究して陳列方式を見直すなど経営改革を進めました。

明治37（1904）年12月、「三井呉服店」は、株式会社化された上で「三越呉服店」となります。今回は、三井から独立したのです。

その後、日比は、全国主要新聞にのちに「デパートメントストア宣言」と呼ばれる広告を掲載しました。この中で三越は、「これから商品の数を一層増やして、特に衣服装飾に関する品はすべて揃うようにして、アメリカのデパートメントストアを目指していく」と高らかに宣言しました。このステートメントは、日本における百貨店文化が生み出されるきっかけになったのです。

実際に三越は、洋風の商品を中心に品揃えを充実させていきました。また食堂や写真室などの施設も設置します。 日比の改革は、守旧派の抵抗や批判を受けながらも、日露戦争後の大都市圏のアッパーミドル（新中間層）のニーズと合致して支持されました。

また「デパートメントストア宣言」は、日本における百貨店文化が生み出されるきっかけになりました。この宣言に刺激されるように、白木屋、いとう呉服店（現・松坂屋）、大丸、高島屋、そごう、松屋など江戸創業の呉服店が、販売品目の多様化と陳列式営業を始め、百貨店へと業態を転換させていきました。さ

らに、大正末期から昭和初期にかけては、大都市において百貨店の新規参入が相次ぎます。電鉄会社経営のターミナルデパート（大阪梅田の阪急百貨店など）や明治創業の新興呉服店系の百貨店（伊勢丹など）です。この波は地方都市にも及んでいくようになり、その結果、全国の百貨店数は劇的に増えていきます。

●日本初の本格的百貨店が完成

　デパートメントストア宣言から10年後の大正3（1914）年10月1日、三越は、ルネッサンス様式の新館をオープンさせます。鉄筋コンクリート地上5階、地下1階建ての当時国内最大の建築物で、日本初のエスカレーターと、エレベーター、スプリンクラー、全館暖房など最新設備が備えられたものでした。当時のマスコミは「スエズ運河以東最大の建築」と報道したといいます。　また食料品などの多様な品揃えを実現し、日本における近代百貨店の原型となる要素を備えた店でした。

　ちなみに、現在も日本橋三越本店前に鎮座しているライオン像は、この時に設置されたものです。日比が百貨店開設の準備のため欧米を視察したときにイギリスで注文したもので、完成までに3年の歳月を要したといいます。

●斬新な三越のPR戦略

　日比はPR戦略にも長けていました。様々な施策が行なわれましたが、以下に代表的なものを挙げておきます。

①帝国劇場とのタイアップ

　明治44（1911）年、日比谷に日本初の西洋式演劇劇場とし

て「帝国劇場」がオープンしました。そこで上演される華やかな舞台は、最先端のエンターテインメイトであり、庶民にとっては憧れの場所でした。

日比は、帝国劇場の来場客に無料で配付されるプログラムに目をつけ、三越の広告を載せて観劇後に買い物へと誘ったのです。そのキャッチコピーは「今日は帝劇、明日は三越」というものでした。このフレーズは当時の庶民の憧れをわかりやすい言葉で表現したもので、流行語にもなり一世を風靡しました。

②図案家・杉浦非水によるグラフィックデザイン

三越のブランドイメージ向上に大きな貢献をしたのが図案家の杉浦非水です。杉浦は現代日本におけるグラフィックデザイナーの草分けと言われる人物です。 明治41（1908）年から三越呉服店の嘱託デザイナーになり、2年後には図案部主任として、PR雑誌の表紙をはじめ、ポスター・はがきなどすべてのデザインを一手に引き受けました。やがて「三越の非水か、非水の三越か」と言われるほどになり、三越のハイカラなブランドイメージを確立しました。

③日本初のファションショー

大正3（1914）年に建築された三越新館は、大正12（1923）年9月1日の関東大震災で被災し、火災に遭うなど大きな被害を受けました。そこで、被災した建物の鉄骨や床スラブなどを生かしながらリニューアルし、1927年に鉄骨鉄筋コンクリート造り7階建の建物が完成しました。これが現在の三越日本橋本店に受け継がれています。

増築された6階部分には、世界でも類を見ない百貨店の中の劇場として「三越ホール（現・三越劇場）」が設置されました。「建物だけでなく、文化的な復興を」という日比の想いが込められていたといいます。

　同年9月には、三越ホールで日本初のファッションショーが開催されました。当時はまだ"ファッションモデル"という職業はなかったこともあり、水谷八重子（初代）、東日出子、小林延子の当時人気の三女優が新作着物で日本舞踊を披露しました。

④日本初!?　のネーミングライツ

　1927年、浅草－上野間に日本初の地下鉄（現在の銀座線）が開業します。しかし、その先を延長するのに資金不足に陥っていました。そこで、三越が建設費を負担するという条件で、三越日本橋本店前に駅が作られることになりました。

　こうして1932年に「三越前」の駅が完成します。三越が支払った費用は現在の貨幣価値で「20～30億円」と言われています。日本初の「ネーミングライツ（命名権）」と言えるかもしれません。ホームからデパートの入口まで、店内同様の凝った装飾が施されているのはそのためです。「三越前」駅の開業により、三越への来店者数は大幅に増加しました。

　このように、戦前の三越は、時代を先取りするトップランナーとして流行を作っていたのです。

● 「今日は帝劇、明日は三越」ができるまで

　大正時代を代表する流行語になったキャッチコピー「今日は帝劇、明日は三越」は、当時の三越宣伝部長浜田四郎が書いたものです。文字でも音でも記憶に残りやすい名コピーで、書いた浜田本人も「私が書いた広告文の中で　第一の傑作である」と語っています。しかし、すんなり生れたキャッチコピーではありません。実はこの傑作に至るまでは、以下のようなコピーが存在していました。

「帝劇を見ずして芝居を談ずる勿れ、三越を訪わずして流行を語る勿れ」
「今日のお芝居に御出の方は、明日にでも三越へ御出下さい」
「今日は芝居、明日は三越へお出下され」

　こうした試行錯誤ののち、大正元年「今日は帝劇、明日は三越」が誕生すると、すぐに大反響を呼びます。当時の新中間層の憧れや願望にうまく表現していたのです。
　しかし、同時にそんな「軽薄な生活はけしからん」という非難も大きく、身内からも反対意見がでました。結局、浜田が大阪支店に転勤すると同時に「御買物は三越へ」という何の変哲もないキャッチコピーに変更されます。
「今日は帝劇、明日は三越」は、実際にはたった数年しか使われなかったのですが、長年多くの人の記憶に残ったのです。

第 2 章

蔦屋重三郎「耕書堂」

日本初!
本格的コンテンツ・
マーケティング

大衆が
求めるものを
提供せよ!

蔦屋重三郎（つたや・じゅうさぶろう）

1750〜1797年◎江戸出版界きってのプロデューサーでありヒットメーカー。通称「蔦重」。小さな貸本屋から始まり、江戸有数の地本問屋（出版社兼書店）に成り上がった。遊郭の吉原で生まれる。24歳の時、吉原大門の前に小さな貸本屋を開業。その後、『吉原細見』の編集販売に携わるようになり、出版業界で存在感を高めていく。34歳の時、日本橋 通 油 町（現在の中央区日本橋大伝馬町）に進出し、「耕書堂」と名乗る。「黄表紙」「洒落本」「狂歌絵本」「錦絵」などのヒット作を次々とプロデュースして、時代の寵児となる。しかし「寛政の改革」が始まると、風紀取締も厳しくなり、やがて山東京伝の洒落本が摘発され、版元の蔦重にも財産の半分を没収という厳罰が下される。その後、喜多川歌麿の大首絵の美人画や無名の新人絵師東洲斎写楽の役者絵をプロデュースして復活。しかし持病の脚気が悪化し48歳で亡くなった。

蔦屋重三郎
「マーケティング戦略」の**ポイント**

大衆が求める本を
提供することで
江戸出版界に革命を起こす

1
ストックビジネス戦略

ガイドブック「吉原細見」を
独占販売

2
コンテンツマーケティング

流行作家と懇意になり、
時代に合わせたコンテンツを提供

3
プロデュース戦略

若い才能を発掘してそれを育てる

4
PR戦略

無名の新人東洲斎写楽の
役者絵を話題に

●江戸を代表するヒットプロデューサー

蔦屋 重三郎（通称・蔦重）は江戸時代（安永・天明・寛政期）の出版界を代表する編集者でありプロデューサーであり、数多くの話題作を世に出した稀代のヒットメーカーです。小さな貸本屋から始まり、一代で江戸きっての有名版元（出版社）にのし上がります。

宣伝上手で時代の流れを読み取る嗅覚に優れ、数々の流行作家とタッグを組み、話題作を続々と世に出しました。また人の才能を見抜く力も抜きん出ていて、無名だった喜多川歌麿を発掘しデビューさせ、晩年には謎の天才絵師・東洲斎写楽をプロデュースしたことで話題になります。蔦重の死後に大ブレイクする葛飾北斎、曲亭馬琴、十返舎一九なども、無名時代から活動をサポートしていました。

●蔦屋重三郎と親交があった主なクリエイター達

ここでは蔦屋とゆかりの作家・画家たちのプロフィールを簡単に紹介しておきましょう。

朋誠堂喜三二（1735－1813）

安永・天明期における黄表紙界を代表する作家で文壇の中心人物だった。狂歌では手柄岡持、笑い話本では道陀楼麻阿など、数多くの筆名を持っていた。本名は平沢常富。江戸生まれで秋田藩士・平沢氏の養子となり、昼は秋田（久保田）藩の江戸御留守居役（幕府や他藩との折衝役）を務めていたが、夜は吉原の文化人サロンに入り浸っていた。蔦重版「吉原細見」の序文をしばしば執筆。のちに寛政の改革を風刺した黄表紙『文武

二道万石通』を出版したことで、藩主・佐竹義和から叱咤され、劇作の一切の筆を持つことを禁じられる。

恋川春町（こいかわはるまち）（1744-1789）

朋誠堂喜三二と並ぶ安永・天明期の黄表紙作家。挿絵も自ら描いた。代表作に『金々先生栄花夢（きんきんせんせいえいがのゆめ）』などがある。朋誠堂喜三二とは友人で、喜三二の文に春町の画というコンビ作も多い。本名は倉橋格。駿河小島藩・滝脇松平家の御年寄本役として藩の中枢の仕事に関わっていた。恋川春町というペンネームは、江戸藩邸のあった小石川春日町をもじったもの。寛政の改革を風刺した黄表紙『鸚鵡返文武二道（おうむがえしぶんぶのふたみち）』を出版したことで、老中松平定信から呼び出しを受けるが、病気として出頭せず、3カ月後に死去した。

大田南畝（おおたなんぽ）（1749-1823）

天明期の狂歌ブームを牽引するカリスマ的な存在。狂歌とは、社会風刺や皮肉、滑稽を盛り込み、五・七・五・七・七の音で構成した和歌のパロディのこと。南畝は、天明期には四方赤良（よものあから）、文化文政期には蜀山人（しょくさんじん）などの筆名で狂歌を作り、全国にその名を轟かせた。昼は幕府の下級官僚として真面目に働き、夜は狂歌サロンの中心人物として活躍。蔦重も、蔦唐丸（つたのからまる）の号で参加していた。耕書堂を版元として『嘘言八百万八伝（うそはっぴゃくまんばちでん）』などを出版している。寛政の改革を皮肉った「世の中に蚊ほどうるさきものはなしぶんぶ（文武）といひて夜もねられず」の作者と噂される。本人は否定するが、目をつけられたため、一時期、狂歌師を引退（のちに復活）。

山東 京伝 （1761-1816）

　天明・寛政期を代表する黄表紙・洒落本のベストセラー作家。浮世絵師「北尾政演」としても知られている。20歳で作家デビュー。22歳で『御存商売物』が大田南畝に認められ人気作家に。耕書堂を版元に数々の話題作を出版し、生涯出版300点以上。一時期は江戸の出版物の3分の1が京伝作だったと言われている。本名岩瀬醒、通称京屋伝蔵。銀座で「京屋」という「たばこ入れ」の店を経営。店や商品を自らの作品にも入れ込む手法を繁盛店になった。しかし「青楼昼之世界錦之裏」「娼妓絹籭」「仕懸文庫」の三作品が寛政の改革の出版物取締令に触れ、京伝は手鎖五十日（手錠をしたまま自宅謹慎）の刑を受ける。

喜多川 歌麿 （1753？-1806）

　江戸を代表する浮世絵師のひとり。生年、出生地などは諸説あり不明。北川豊章の画号で浮世絵師としてデビューするが、30代半ばまで鳴かず飛ばずだった。蔦屋重三郎にその才能を見出され、狂歌絵本『画本虫撰』や『百千鳥狂歌合』で花鳥や虫類を繊細な筆致で描き注目を集める。また「枕絵」と呼ばれる情交を描いた春画も数多く描いた。そして40代を迎えた頃、大首絵（胸から上の構図）の手法で女性の表情の微細な変化を描いた美人画により大ブレイクし、時代の寵児に。その秀作の多くは耕書堂から出版されていることから、蔦重の企画・助言があったものと思われる。寛政9（1797）年の蔦重の死後は画風が変化、作品の質が低下したと言われる。

東洲斎写楽（生没年不詳）

蔦重のプロデュースで、10か月の短い期間に140点余の作品を発表し、世を賑わした謎の浮世絵師。大胆にデフォルメされた役者の大首絵は個性的で強烈な印象を残した。出自や経歴については様々な研究がなされ、フィクションの題材にもされてきた。現在では阿波徳島藩主蜂須賀家お抱えの能役者斎藤十郎兵衛という説が有力である。写楽の作品はすべて耕書堂から出版された。

曲亭馬琴（1767−1848）

江戸時代を代表する読本作家。武家出身で本名は滝沢興邦（のちに解に改名）。滝沢馬琴とも。24歳の時、山東京伝に弟子入り志願。断られるが親しく付き合うようになる。その縁から蔦重が預かり、耕書堂で手代として雇われることに。商人に雇われることを恥じた馬琴は、武士の名を捨て改名したと言われている。30歳の頃から本格的な創作活動を始め、耕書堂から刊行された読本『高尾船字文』が出世作に。蔦重の死後、『椿説弓張月』や28年の歳月を費やして完成した『南総里見八犬伝』などで国民的な作家となる。

十辺舎一九（1765−1831）

『東海道中膝栗毛』の作者として知られる江戸時代を代表する戯作者。駿河府中の同心の子として生まれる。本名は重田貞一。江戸や大坂で武家奉公をするが辞して浪人となった。大坂で近松余七の名で浄瑠璃作者となるが大成せず、30歳で江戸

に戻る。 蔦重のもとに寄宿して、耕書堂で用紙の加工や挿絵描きなどを手伝った。蔦重の死後、享和2（1802）年に出した『東海道中膝栗毛』が大ヒットして、一躍流行作家に。

葛飾北斎（1760？－1849）

『冨嶽三十六景』などで知られる世界的に評価が高い浮世絵師。生涯を通して約3万点と数多くの作品を残している。本名は、川村鉄蔵。30回以上も号を変えていて、時代によって作風も大きく変化している。 売れない貧乏絵師だった30代始めの頃の北斎は、蔦重のもとで狂歌絵本の挿絵を描いていた。蔦重の死後、40代の頃には、曲亭馬琴の読本の挿絵を担当してヒット作を生み出している。現在において高く評価される錦絵を描くのは70歳を過ぎてからであり、90歳で亡くなるまで現役だった。

1

ストックビジネス戦略

吉原のガイドブック「吉原細見」
──「ストックビジネス」を武器に出版界に進出

　蔦重は吉原で生まれ育ちました。また、その出版物も吉原と切っても切れない関係にあります。吉原とは、唯一の江戸幕府公認の遊廓です。もともとは日本橋（現在の人形町）にありましたが、江戸が発展していくにつれ、遊廓が町の中心部にある

ことは好ましくないと幕府から移転を命じられました。折しも明暦の大火（1657年）で全焼したこともあり、浅草寺裏の当時は田園風景が広がっていた日本堤に移転していたのです。

　敷地面積は2万坪。200軒以上もの妓楼が建ち並び、2000人以上の遊女がいたといいます。もちろん遊廓ですからおおっぴらに語られる場所ではありません。ただし、ある種の文化人が集まるサロンのような役割も果たしていました。そんな環境下で育った蔦重は、吉原の中で様々な人脈を築いていきます。

　安永2（1773）年、蔦重24歳の頃、吉原大門前の五十間道で、貸本や小売を主体とする小さな本屋を開業しました。主力商品は、「吉原細見」という吉原のガイドブックです。吉原内の略地図をはじめ、店の場所や遊女の名前などが記載されていました。通常、春と秋の年二回発行されていたのです。

　当時「吉原細見」は、大手版元の鱗形屋（うろこがたや）が独占販売権を持っていました。蔦重は最初、鱗形屋の下請け（今で言う編集プロダクション）というポジションで、企画編集に携わるようになります。ある時、鱗形屋が不祥事を起こしたこともあり、蔦重が版元となって「吉原細見」を出すことになりました。すると、吉原のことを知り尽くした、蔦重版「吉原細見」はたちまち大人気に。やがて独占出版販売権を手に入れたのです。

●ここが違った！　蔦重版「吉原細見」

①最新の情報にアップデート

　それまでの「吉原細見」は、情報が古かったり間違っていることが多く、信頼性に欠けていました。そこで、蔦重は店を回っ

て最新の情報に書き換えました。店や遊女の格付けや詳細な料金などの情報も充実させたのです。

②判型レイアウトの変更

「横長」から「縦長」に。大きさも約2倍に判型を変更（現在の単行本の判型四六サイズとほぼ同じ）。通りを真ん中に配置し、その両側に店を書き込む等、遊廓の位置関係をよりわかりやすくしました。

③「薄い、安い、見やすい」へ

判型とレイアウトの変更で、ページ数を減らしたことにより、コスト削減に成功。その分、安価で販売することで、「見やすくて安い！」と喜ばれました。

④有名人の序文で箔づけ

蔦重が最初に関わった「吉原細見」のタイトルは『嗚呼御江戸』。その序文をエレキテルの発明などで有名なマルチクリエイター平賀源内に依頼し、福内鬼外のペンネームで書いてもらいます。のちにも朋誠堂喜三二、山東京伝などのベストセラー作家に序文を書いてもらうことで箔づけをしました。独占販売権を手に入れて最初の「吉原細見」である『五葉の松』は、序文を朋誠堂喜三二、跋文（あとがき）を四方赤良（大田南畝）、祝言狂歌を朱楽菅江（天明狂歌四天王のひとり）という有名作家三人の揃い踏みでした。

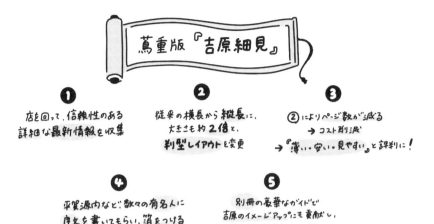

蔦重版『吉原細見』

❶ 店を回って、信頼性のある詳細な最新情報を収集

❷ 従来の横長から縦長に、大きさも約2倍と、判型レイアウトを変更

❸ ❷によりページ数が減る → コスト削減 → 『薄い・安い・見やすい』と評判に！

❹ 平賀源内など、数々の有名人に序文を書いてもらい、箔をつける

❺ 別冊の豪華なガイドで吉原のイメージアップにも貢献だし、店・作家・絵師からも信頼される

⑤今までにない別冊

　通常の「吉原細見」とは別に、今までない趣向の「吉原ガイド」を出版し続けます。蔦重が初めて版元として出版した『一目千本 花すまひ』は、人気絵師北尾重政が、遊女を生花に見立てて描いたという風雅な絵本。これは、実用性よりも店や遊女から常連客への贈呈用に買い取られたとされています。『青楼美人合 姿 鏡』は遊女の豪華カラー画像集。前述した北尾重政と勝川春章という当時最も人気があった二人の絵師による競作でした。彫り師・刷り師も超一流を使うという贅を尽くした３巻セットで大評判となりました。これらの本は「悪所」と呼ばれていた吉原のイメージを高めるのに大きく貢献し、蔦重は店からも作家・絵師たちからも大きな信頼を勝ち取ったのです。

●広告収入もあった「吉原細見」

　このように、かゆいところに手が届く蔦重版の「吉原細見」

は大ヒット。実用的なガイドブックとしてだけでなく、地方からの観光客にとっては、「江戸みやげ」としても人気になりました。

春秋と二度の改訂版が出て、そのたびに一定の売り上げが見込めます。また吉原の各店からの広告収入もあります。**「吉原細見」により、蔦重は安定した収入を得ることができたのです。現在で言うところの「ストックビジネス」の先駆けだと言えるでしょう。**

蔦重はこの資金を元手に、著名な作家や絵師をたびたび吉原に招きました。当時はまだ「原稿料」や「印税」という概念はなく、彼らの飲食代や遊興費などを支払い接待することがフィーの代わりだったのです。こうして、多くの作家や絵師たちと深い繋がりを持った蔦重は、江戸の出版文化の中心的役割を担うようになっていきます。

2 ［コンテンツマーケティング］

大ヒット作を生み続けるコンテンツ開発
──一小売業者から、メーカー兼小売業者へ

●なぜ蔦重はヒット作を作れたか

天明3（1783）年、蔦重34歳の時、日本橋 通 油 町（とおりあぶらちょう）（現在の中央区日本橋大伝馬町）にあった丸屋小兵衛の店「豊仙堂」を

買い取り「耕書堂」と名乗ります。当時、その通りは一流の「書物問屋」や「地本問屋」が軒を並べていました。

「書物」が学術本なども含むのに対して、「地本」とは江戸で出版される大衆娯楽本の総称です。問屋は今でいう、出版社と書店を兼ね備えた存在でした。吉原門前の小さな貸本屋からすれば大出世ですが、さらに蔦重はこの地で江戸有数の「地本問屋」として有名になっていくのです。

　絵と文章が一体になった滑稽小説である「黄表紙」。遊郭での過ごし方を会話中心に物語風に描いた「洒落本」。当時大ブームになっていた「狂歌」に浮世絵をあしらった「狂歌絵本」。浮世絵の画集である「錦絵」。その時々で大衆が求めるコンテンツを提供することで、蔦重はヒット作を次々と生み出していきます。

激戦区の日本橋通油町で 江戸有数の 地本問屋 に！

江戸の大衆娯楽本

出版社と書店を兼ね備えた存在

その時々で、大衆の求めるコンテンツを提供し、ヒット連発！

黄表紙

絵と文章が一体になった滑稽小説

洒落本

遊郭での過ごし方を物語風に描いた本

狂歌絵本

当時大ブームの「狂歌」と浮世絵を合わせた本

錦絵

浮世絵の画集

3 プロデュース戦略

才能を発掘する「先物買い」
──若い新進作家への投資

●歌麿も馬琴も蔦重が育てた

　蔦重は、既存の有名作家や絵師だけでなく、無名の新人を発掘することにかけても優れた能力を持っていました。中でも、浮世絵師の喜多川歌麿と東洲斎写楽を見出してデビューさせたことは特筆すべきでしょう。他にも、無名時代の曲亭馬琴や十返舎一九などを家に住まわせて、生活を援助していました。蔦重が生きていた頃は、二人ともにまだヒット作はありませんでしたが、のちに曲亭馬琴は『椿説弓張月』『南総里見八犬伝』で、十返舎一九は『東海道中膝栗毛』で大ブレイクし歴史に残る有名作家になりました

4 PR戦略

無名の新人絵師
東洲斎写楽のプロモーション

　時代の寵児になった蔦重でしたが、白河藩主松平定信が老中首座になると一転して大きなピンチを迎えます。「寛政の改革」

により質素倹約、風紀取り締まりが強化され出版界にも及んだのです。

　ある種の見せしめとして処分されたのが、当時、出版界で飛ぶ鳥を落とす勢いだった山東京伝と蔦重でした。寛政3（1791）年、山東京伝の洒落本三部が摘発されると、版元の蔦重にも身代半減（財産の半分を没収）の刑が科せられました。蔦重のまわりにいた人気作家たちも幕府からの処分を恐れ次々と筆を折ります。

　ただそれでへこたれる蔦重ではありません。寛政の改革が下火になった寛政6（1794）年5月、正体不明の無名の新人絵師のデビューを大々的にプロデュースして再起をかけます。その新人絵師こそ、東洲斎写楽です。顔を極端にデフォルメすることで、その役者の個性を際立たせるというもので、誰とも似ていない独特な作風でした。しかもお金のかかる雲母摺大判サイズの役者大首絵を一気に28枚も出すという破格の扱いで、多くの人間は度肝を抜かれました。

　新人作家をデビューさせる時は、これくらい派手なPRをするべきだという見本です。ただし写楽の絵は賛否両論をひきおこし、話題になった割には役者絵としては売れませんでした

　結局、写楽は約10か月の期間内に、145点もの作品を版行すると、忽然と姿を消し絶筆してしまいます。

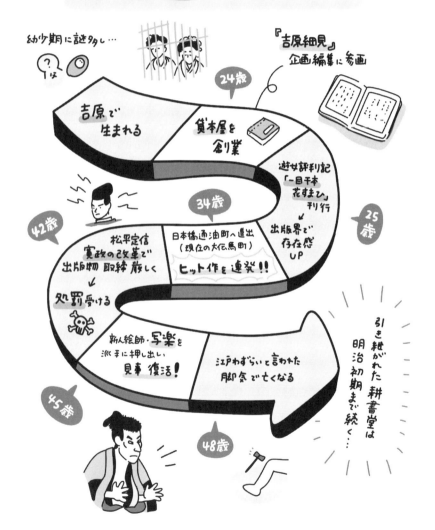

「ストックビジネス」を発見した稀代のプロデューサー
蔦屋重三郎の一生

幼少期に謎多し…

？は

『吉原細見』
企画編集に参画

24歳

吉原で
生まれる

貸本屋を
創業

遊女評判記
「一目千本
花すまひ」
刊行

出版界で
存在感
UP

25歳

42歳

松平定信
寛政の改革で
出版物 取締 厳しく
↓
処罰受ける

34歳

日本橋通油町へ進出
（現在の大伝馬町）
ヒット作を連発!!

新人絵師・写楽を
派手に押し出し
見事 復活!

江戸わずらいと言われた
脚気でさくなる

引き継がれた
耕書堂は
明治初期まで
続く…

45歳

48歳

江戸式を受け継ぐ現代のマーケティング戦略

蔦屋書店と蔦重の意外な関係

●現代のコンテンツ・マーケティングの雄

現在において「蔦屋」と聞いてまず思い浮かべるのが、レンタルビデオショップとして一世を風靡したTSUTAYAであり、代官山をはじめ函館、湘南、梅田、枚方、広島、銀座など全国各地にある蔦屋書店でしょう。これらはカルチュア・コンビニエンス・クラブ（CCC）とその関連会社が運営しています。

CCCの創業者でありCEOの増田宗昭は、1951年生まれ。大学卒業後アパレル会社勤務を経て、1983年3月大阪府枚方市にTSUTAYA1号店となる「蔦屋書店枚方店」を開業しました。「本、映画、音楽を通してライフスタイルを提案する」という理念のもと、本はもとよりレコード・ビデオ（主にレンタル）をマルチで扱う当時としては画期的な店舗でした。1985年にカルチュア・コンビニエンス・クラブを創業。その社名には「カルチュアインフラを創り続けること」という意味がこめられています。

1994年、「TSUTAYA恵比寿ガーデンプレイス店」をオープン。「無いビデオは、無い」をコンセプトに、深夜遅くまで多くのお客さんで賑わいました。2003年には、六本木ヒルズ内にスターバックスと一体化したBOOK & CAFE業態の「TSUTAYA TOKYO ROPPONGI」を提案します。2007年からはTポイントサービスを開始。2011年、「代官山蔦屋書店」を中核とした「代

官山 T-SITE」を開業し大きな話題になります。さらに2013年、佐賀県武雄市で蔦屋書店やカフェを併設した図書館の運営に参画。2015年、東京二子玉川に蔦屋家電をオープン。さらに近年では、いくつもの出版社や書店チェーンを傘下におさめ、出版・映像・音楽などのコンテンツの企画・制作をはじめ、様々な事業を行なう企業グループに発展しています。

● 「TSUTAYA」は「蔦屋」と関係ない?

　蔦屋の名前は、増田の祖父の事業に由来します。主に土建業を営んでいましたが、同時に経営していた芸者置屋の名前が「蔦屋」だったたのです。当時、増田は「蔦重」の存在をほとんど意識してませんでした。しかし、のちに知人から「芸者の置屋が名前の由来だとイメージが悪いから、蔦屋重三郎から取ったと言え」と忠告を受けました。その後も、「蔦屋の由来は蔦屋重三郎ですか?」と質問されることが多くなり、次第に蔦重のことに興味を持って調べるようになったとのことです。実際に、「蔦重」と「蔦屋書店」には驚くほどの共通点があります。増田自身もその著書（『知的資本論』）の中で、以下のように語っています。

　「（蔦重のことを）知れば知るほど、自分との共通項の多さに驚かされる。最近ではもうほとんど他人の気がしないほどだ。レンタルとセルを組み合わせた商売が出発点だったと聞くに至っては、私が『TSUTAYAの名は蔦屋重三郎にあやかったものではない』と言っても、逆に誰も信じないのではないかとさえ思われた」

　実際、偶然とはいえ両者のビジネスモデルは似ています。それは単に、「本を入り口に、様々な文化・アートなどを企画し世の中に広めていこうとすること」に限りません。今まで見てきたように、蔦重が様々な作家をプロデュースできたのは、「吉原細見」という安定したストックビジネスがあったからですが、CCCが発展してきたのも、安定した収益があったことが大きかったのです。

　TSUTAYAは全国に1000以上の店舗がありますが、直営店は10％もありません。そのほとんどがフランチャイズです。そこからの安定した収入があったからこそ、大きなチャレンジが可能だったのです。

●蔦屋書店の成功

　なかでも2011年の代官山蔦屋書店のオープンは、最大のチャレンジでありイノベーションでした。高級住宅地の代官山に大きな敷地で莫大な費用をかけて新業態の書店をオープンすることに誰もが懐疑的でした。出店計画を役員会議に出すと、全員が反対したといいます。それでも増田はその思いを貫き通し、株主に説明できないからと上場を廃止してまで、オープンにこぎつけたのです。

　しかし業界関係者の予想に反して、代官山蔦屋書店は幅広い多くの人たちに圧倒的な支持を受けます。それまでのややもすれば安っぽかったTSUTAYAのイメージを大きく変えたのです。

　その後も、函館、湘南、梅田、枚方、銀座をはじめ日本全国に様々な形の蔦屋書店を広げていっています。

平賀源内のマーケティング戦略

　蔦屋重三郎と関わりがあった平賀源内・山東京伝・十返舎一九などは、引札（チラシ）のコピーや挿絵を手がける広告クリエイターとしても活躍しました。

　中でも、特に異彩を放っていたのが平賀源内です。

　平賀源内は、享保13（1728）年、高松藩足軽の家の三男として生まれます。本名は国倫。25歳のときに藩命で長崎に留学します。本草学者・蘭学者として名を成し、藩における薬坊主格となりますが、34歳で脱藩。そこから源内の波瀾万丈の人生が始まります。

　様々な案件に手を出しましたが、一番有名なのは、オランダ製の静電気発生装置「エレキテル」を修復して世の中に広めた

ことでしょう。

　万歩計、寒暖計、磁針器などの発明家でもありました。また「福内鬼外」「風来山人」というペンネームで、戯作や浄瑠璃などを書く作家でもあり、江戸で知らない人間がいないほどの文化人でした。

　このコラムでは、源内が日本で初めて実施したであろうマーケティング手法をいくつか紹介します。

①イベントマーケティング

　源内は、全国の薬品や薬草の交換会「東都薬品会」というイベントを企画しました。特に脱藩したのちに江戸で開催された第5回「東都薬品会」は、当時としては画期的な規模の物産展で、日本初の博覧会と呼んでいいものでした。

　当時、高価で海外からの輸入品が多かった薬品や薬草を、安く手に入る国産品に代替できないかという思いから発案したとされています。全国各地からできるだけ多くの物産を集めることができれば、探し出せるかもしれないと思ったのです。また江戸にいながら全国の薬草を見られるということは、自分を含めた本草学者たちにとっても大きな利点があります。

　出展者の集め方も画期的でした。源内はイベントの半年以上前から、全国の研究家に案内状を送りました。飛脚問屋を支援者にしたことで、18国25箇所に物品の取次所を開設し、物品は着払いで江戸に送れるようにしました。これにより全国から1300以上の物産が一挙に集まりました。

　博覧会後には、薬品会の研究成果を収めた全6巻の図鑑『物類品隲』を発刊。本草学者としての平賀源内の名声を高めました。

②記念日マーケティング

　夏バテ予防のために「土用の丑の日」にうなぎを食べるという風習は、源内が考案したアイデアだと言われています。当時、うなぎの旬は冬で、うなぎ屋は毎年、夏場には売り上げが落ちるのが当たり前でした。「何とかならないか?」と相談にきたうなぎ屋に源内は、「本日土用丑の日」と書き、それを店先に貼っておくようにとアドバイスしました。「丑の日に『う』の字がつく物を食べると夏負けしない」という言い伝えからヒントを得たのです。ウナギ屋がその通りすると大繁盛。それを見た他のウナギ屋も追随し、「土用の丑にウナギを食べる」という習慣が定着したと言われています。

「記念日マーケティング」のさきがけと言えるでしょう。

③インフルエンサー・マーケティング

　源内は、菅原櫛をヒットさせてことでも知られています。菅原櫛とは伽羅の木に象牙の歯が植えられた櫛のことで、現在でいうと数万円する高級品です。源内が売ったことから「源内櫛」とも呼ばれています。

　ヒットした秘密は源内が仕掛けた宣伝キャンペーンにありました。まず当時の吉原で超売れっ子だった遊女に櫛を贈りました。彼女が使っているという噂が世間に広まるように仕掛けたのです。今でいうと、インフルエンサーに送って使ってもらうようなものでしょう。

④正直マーケティング

　平賀源内は元祖コピーライターと言われています。引札（チラシ）の宣伝文をいくつも書いたからです。中でも、1769（明和6）年、恵比寿屋兵助の依頼によって書いた箱入り歯磨き粉「嗽石香」の宣伝文は秀逸です。

　「歯磨き粉なんてぶっちゃけどれでも同じ」「お金欲しさに売る」「効能のことはよくわからない」とあけすけに語りながらも、「歯は白くなり、口中さわやかになり、悪しき臭いをとり、熱をさます」「二十袋分を一箱に入れて安く売る」というセールスポイントはきちんと述べています。「この偽悪的な口上が、洒落だとわかる江戸っ子は買ってよね」と言ったところでしょうか。歯磨き粉という平凡な商品を見事に立たせている宣伝文です。

　今でいう「正直マーケティング」と言えるかもしれません。

第 3 章

富山藩二代目藩主前田正甫 ＆越中富山の薬売り

200年以上続く 「顧客信用ビジネス」 を確立

先用後利

前田正甫 （まえだ・まさとし）

1649〜1706年◎富山藩二代目藩主。富山売薬の基礎を築いた人物として有名。初代藩主・前田利次の次男として生まれる。延宝2（1674）年、父の死去により家督を継いで藩主となる。新田開発や治水工事を行なって生産力を向上させることはもちろん、自領の低い農業生産力に頼るだけではない、その他の殖産興業に努めることで、藩財政を豊かにしようとした。正甫は病弱であったとされ、ゆえに薬学に興味を持ち、（史料的な裏付けは無いが）江戸城腹痛事件で名をあげたとされる富山の反魂丹（はんごんたん）などの製薬業を奨励して諸国に広めた。

前田正甫
「マーケティング戦略」のポイント

> 生産性の向上と
> 産業の多角化で藩の財政の改善

1

事業開発

売薬事業を押し進める

2

PR戦略

反魂丹のトップセールス

3

官民一体ビジネス

全国販売を許可

越中富山の薬売り
「マーケティング戦略」のポイント

> 世界に類をみない
> 「置き薬」というビジネスモデルを開発

1

顧客信用ビジネス

「先用後利」というコンセプト

2

データベースによる顧客管理戦略

懸場帳による需要予測

3

ロイヤルカスタマーの囲い込み戦略

日本初?のおまけ商法

●二代藩主前田正甫、「反魂丹」に出会う

　富山藩10万石は、寛永16（1639）年、100万石で有名な加賀藩の支藩として誕生しました。しかし、加賀前田宗家や豪商などからの巨額の借金で、藩の財政は常に火の車でした。分藩の時に加賀藩から家臣を数多く押しつけられたことに加え、火事で焼けたあと30年間放置されていた富山城の大改修を行なったことで、莫大な費用がかかったからです。

　さらに富山藩の自然環境は苛酷でした。急峻な立山連峰からわずかな距離で海まで到達する神通川と常願寺川は暴れ川として知られ、毎年のように洪水を起こし田畑を水没させます。当然、安定した農業収入は期待できません。冬は雪で閉ざされ、春から夏にかけてはフェーン現象による急激な気温の上昇で大火に見舞われることもよくありました。借金を返すどころか、藩の財政がいつ破綻してもおかしくない状況だったのです。

　このような藩の財政状況を打開しようと努力したのが、富山藩第2代目藩主前田正甫でした。延宝2（1674）年、父の死去により26歳で家督を継いだ正甫は、治水工事や新田開発などを行なう一方、農業だけに頼っていては藩の未来はないと、様々な産業を発展させることに尽力しました。その中のひとつが売薬事業だったのです。

●薬の調合に打ち込んだ「異例」の藩主

　きっかけは、正甫が腹痛で苦しんだ時のことです。家臣が長崎から持参した「反魂丹」という薬を飲むと嘘のように症状が収まりました。30代になった頃から持病があった正甫は、これをきっかけに薬学に興味を持ち、自分で薬を調合するほど入

れ込むようになりました。富山はもともと薬草の産地だったのです。

　天和3（1683）年、正甫は「反魂丹」を処方している備前（岡山県）の医師・万代 常閑を富山に呼び寄せ、目の前で調合方法を伝授してもらいました。「反魂丹」はもともと万代家の先祖が、堺に漂着した中国人から調合を教わり代々伝えていた秘伝中の秘伝です。それにもかかわらず、常閑は正甫に惜しげもなく教えてくれたといいます。

　正甫は、富山城下の薬種商・松井屋源右衛門に「反魂丹」を調合させました。そして「反魂丹」を印籠に入れて常時携帯したといいます。松井屋の古文書に残る調合処方は、反魂丹は23種の生薬・鉱物成分からなることがわかっています。ちなみに名前にある「反魂」は「死者の魂を取り戻す」という意味です。

●江戸城腹痛事件で有名に

　正甫は、反魂丹などの薬の製造販売を、藩の産業に育てようと考えました。

　反魂丹の処方も「このような効能のある薬は秘密にすべきにあらず」と、松井屋以外の薬種商にも希望すれば公開しました。富山全体が製薬業で発展することを望んだのです。

　元禄3（1690）年、「反魂丹」が一躍有名になる事件が江戸城で起こりました。第5代将軍・徳川綱吉に謁見するため、正甫が大広間で順番を待っていた時のことです。何やら城内が騒がしい様子。何事かと聞くと、「陸奥三春藩（現在の福島県）の藩主・秋田輝季が激しい腹痛を訴えている」とのこと。

駆けつけた正甫は、まわりの大名たちがおろおろする中、あわてず腰の印籠から「反魂丹」を取り出し、苦しむ輝季に飲ませました。すると、輝季の腹痛は、みるみる治まったのです。正甫は、その薬効に驚く諸藩の大名たちに向かって「この薬は反魂丹といい、我が藩で製造されています」とアピールしました。大名たちは「ぜひともわが藩にも売り広めてほしい」と嘆願したといいます。

　正甫は、松井屋をはじめとする城下の薬種商に「反魂丹」を大々的に製造させました。さらに、富山藩から出て全国どこでも薬を売り歩くことができる「他領商売勝手」を発布。松井

屋の手代・八重崎屋源六に諸国行商を取り仕切らせました。他の藩で商売してもいいというお墨付きは、当時としては画期的な政策です。

　その後、**官民一体となった薬の販売は、江戸時代を通じて富山藩の一大事業に発展していくのです。**

1

〔顧客信用ビジネス〕

置き薬の「先用後利」というコンセプト
——まず客の用に立ち、利益はあとから

　富山の薬売りは、「置き薬」というビジネスモデルで販売を行なったのが特徴です。「置き薬」は、「無料で薬箱を置いて帰り、後日訪れた時に使われた分だけ集金する」というシステムです。決まった行商人が一年に1～2回顧客のところを訪れて集金し、商品を補充します。

　お客さん側からすると、押し売りされるわけではなく、薬を置くのを頼まれるだけなので負担に感じません。無料で置いていくぐらいだから、薬効に自信があるのだろうと信頼もします。また万が一、病気の時に薬があるのは心強いわけで、断る理由はないと言えるでしょう。

　この**「まず、お客さんの用に立ててもらって、利益はあとからもらう」**という考え方は**「先用後利」**といい、富山売薬の基本理念です。「用を先にし利を後にし、医療の仁恵に浴せざる

寒村僻地にまで広く救療の志を貫通せよ」という、正甫が示した方針から生まれました。**顧客信用ビジネスの先駆けで、世界に類を見ない商法です。**

　江戸時代、他の藩から来る商人は完全なよそ者です。簡単に信用はしてもらえません。当時の薬売りは、誇大な効能を語りながら売る大道商人が多く、信頼性も低かったのです。また、現金収入の少なかった江戸時代の農山村や漁村では、今すぐ必用でない高額の薬を買う余裕はありませんでした。

　こうした時代背景のもと、信頼できる医薬品を無料で預けてくれ、必用な時に使用できて代金は後払いという「置き薬」のシステムは、庶民のニーズにあった画期的な商法であり、優れ

置き薬

無料で薬箱を置いていって、後日訪れた時に使われた分だけ集金するシステム。
決まった行商人が年に1〜2回訪れ、集金＆商品補充する。

置き薬のメリット

- 最初にお金はとらず置くだけなので採用のハードルが低い
- 薬という商品が軽くて運びやすい
- 利益率が高い

先用後利

富山売薬の基本理念。
「まずお客さんの用に立ててもらって、利益はあとからもらう」

たマーケティング戦略だったのです。

これは、薬という商品が運ぶのに軽く、利益率が高いからこそ成立するシステムでした。

2 （官民一体ビジネス）
異例の「他領商売勝手」
——富山藩を挙げての官民一体ビジネス

●歴代藩主が保護・育成・規制

富山の薬売りの特徴は、藩と商人が一緒になってビジネスの仕組みを作り上げていったことです。現在で言うところの官民一体ビジネスです。

正甫が発布した「他領商売勝手」は、現代で言うと他国に行って外貨を稼いでこいということです。領民はできるだけ外に出ていかせないようにするのが常識だった江戸時代の藩では異例の政策でした。

しかし、商人だけが儲かるのでは、藩の財政は改善されません。好き勝手な商売をすると他藩からクレームをつけられ、外交問題に発展するリスクもあります。

誰かがクオリティの低い薬の販売をすると、富山藩全体の信用を落とすことにもなりかねません。そのような理由から、富山の売薬商人たちの行商は、藩により厳しく管理されていたのです。

歴代の富山藩主は、売薬産業の保護・育成・規制に取り組み

ました。

明和2（1765）年、第六代藩主前田利與は反魂丹役所を設立し、行商人の身分証明、資金援助、他藩への取次などを藩として支援するようにしました。また、売り上げに応じて、富山藩に税金を納めるという仕組みを構築しました。

●チームプレイで必ず富山に帰る

地方ごとに仲間組も設定されました。その地区の仲間組に入らないと、そこでは商売ができないという仕組みです。これにより新規参入を抑えるとともに、値引きの禁止など価格協定も行なわれていました。

行商人たちは他藩で商売することから、商売先ではできるだけ目立たないように細心の注意を払っていました。城下町など商業が盛んなところには行かずに、農村を中心に行商に回りました。現地の商人と競合するトラブルを避けるためです。

富山の薬売りは、このような仕組みのもと、チームプレイで商売するのが原則でした。よって個人名で語られるような有名な「豪商」は生まれません。また、行商が終わると必ず故郷富山に戻ってくることも特徴でした。近江商人や伊勢商人たちは、同じように行商からスタートしても、お金を貯めると江戸や京に店を出して移住することが多かったのに比べると対照的です。

3

データベースによる顧客管理戦略

「懸場帳」で需要予測
―― 顧客情報データベースの作成

　富山の薬売りにとって、命の次に大切なものは「懸場 帳」でした。簡単に言うと「帳簿兼顧客名簿」です。

　そこには、お客さんの住所、名前、家族構成などの基本情報はもちろん、配置した薬の品目数量、前回までの訪問日、集金した金額、そこでかわしたやりとり、家族構成の変化なども訪問のたびに書き加えられていきました。まさに顧客のデータベースです。

　懸場帳があることで、過去の履歴を見て顧客と話すことができ、コミュニケーションも円滑になります。在庫管理や次回の需要予測を立てることもできました。また、新しい行商人が担当することになった場合もスムーズに引き継げます。

　代々引き継がれた懸場帳は、やがて大きな価値を持つようになり、高額で取引されることもあったようです。

4 囲い込み戦略

日本初! 販促ツールとしてのおまけ商法
─── ロイヤルカスタマーへの特典

富山の薬売りたちの旅は、春と秋に行なわれることが多かったといいます。

秋の収穫期や冬の出稼ぎから帰る時期にあたり、旅先の家々にお金があるからです。

富山の置き薬の特徴のひとつに、おまけ（おみやげ）がありました。売上金額に応じたおまけを渡すことで、顧客とのコミュニケーションを図ったのです。日本初の販促ツールであり「おまけ商法」の始まりと言われています。

初期の頃、人気があったのが富山絵（錦絵）と呼ばれた売薬版画（浮世絵）です。歌舞伎役者や名所の風景などが描かれていました。価格を安くするために色数を３〜５色に抑え、富山の版元で富山の絵師によって刷られていたといいます。

のちになると子供向けの紙風船が人気になりました。上得意には、輪島塗の塗箸、九谷焼の湯飲みなどを渡したといいます。いずれも持ち運びに便利な軽いものが選ばれました。

このようなおまけやおみやげ、また旅先の各地で仕入れたニュースを伝えてくれることから、年に１〜２回の富山の薬売りの訪問を楽しみに待っていた家庭も多かったとのことです。

また、他藩で商売することから、現地の藩の役人や地元の有力者たちにこまめに付け届けをしていたといいます。

＼先用後利！顧客信用ビジネスの先駆け！／
富山の置き薬の歴史

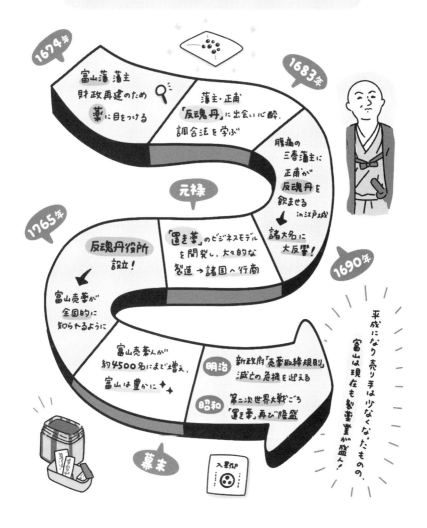

1674年
富山藩藩主
財政再建のため
薬に目をつける

1683年
藩主・正甫
「反魂丹」に出会い心酔。
調合法を学ぶ

腹痛の
三春藩主に
正甫が
反魂丹を
飲ませる
in 江戸城

↓
諸大名に
大反響！

元禄

「置き薬」のビジネスモデル
を開発し、大々的な
製造 → 諸国へ行商

1690年

1765年
反魂丹役所
設立！
↓
富山売薬が
全国的に
知られるように

富山売薬人が
約4500名にまで増え、
富山は豊かに

明治
新政府「売薬取締規則」
滅亡の危機を迎える

昭和
第二次世界大戦ごろ
「置き薬」再び隆盛

幕末

入用印

平成になり売り手は少なくなったものの、
富山は現在も製薬業が盛ん！

置き薬型ビジネスを社食に
オフィスおかん

富山の置き薬を参考にしたであろうビジネスモデルは現在にも存在します。

●健康的な食事を提供する社食サービス

ここでは最近注目されている『オフィルおかん』を取りあげましょう。

『オフィスおかん』は、オフィスの一角に冷蔵庫・専用ボックスを設置するだけで従業員に健康的な食事を提供できる、"置き型社食サービス"です。商品はすべて1品100円で約20種類。24時間購入が可能で初期費用ゼロ、運用の手間もゼロ。全国で3名程度の小さなオフィスから利用可能、メニューはお肉・お魚から旬の野菜まで様々です（2021年4月時点）。

創業者の沢木恵太は、コンサルティング会社やゲーム会社を経て、27歳で起業します。

きっかけになったのは、福井の惣菜会社に婚養子に入った元同僚と再会したこと。「うちは添加物を使わずに惣菜を1カ月保存できる技術を持っている。何か活かせる方法はないだろうか？」と相談を受けました。その瞬間、「惣菜を会社や家庭に届ける」というアイデアを思い付いたのです。

●自身の体験から起業

　沢木自身、新卒で入ったコンサルティング会社で、激務のあまり食事をおろそかにして体調を崩した経験がありました。また、当時2人目の子どもができたばかりで、妊娠しながら小さな子どもを育てる妻の大変さも実感していました。会社や家庭に惣菜が常備されていれば、もっと健康的な生活を送れる人が増えると思ったのです。

　こうして2012年、株式会社おかんを起業。起業当初は、個人向け定期宅配サービスからスタートしましたが、なかなか軌道に乗りませんでした。資金も尽きかけましたが、金融機関からの借り入れで乗り切り、2014年法人サービスに特化した現在のビジネスモデル「オフィスおかん」をリリース。

　ベンチャーキャピタルからの出資も得られるようになり、ビジネスは軌道に乗り始めます。現在では、数名のマイクロ企業から数千人の大企業まで、全国2500拠点以上で導入事例があるといいます。

　また、2020年5月にはコロナ渦によるテレワーク社員の増加に伴い、従業員の自宅に惣菜を配達するサービス「オフィスおかん仕送り便」をリリース。テレワークのみならず、育休や単身赴任中の社員サポートにも使えるようにしました。

第 4 章

大丸 下村彦右衛門正啓

京・大坂発の「ビジョナリーカンパニー」

先義後利

下村彦右衛門正啓（しもむら・ひこえもんしょうけい）

1688〜1748年◎大丸百貨店の創業者。京都伏見で生まれ、19歳の時に父祖の古着屋「大文字屋」を継いで行商を始めた。30歳で京都伏見に小店舗を開いたのち、八文字屋甚右衛門と共同出資で大坂に「松屋」を開店。「現金正札販売」で繁盛店となり、名古屋にも進出。「大丸」を名乗り、亨保16（1731）年から単独経営となった。晩年は「先義後利」を理念に掲げ、社会貢献活動にも没頭。背が低く頭が大きく、耳たぶが垂れ下がった風貌で商売を成功させたことから、「福助人形」のモデルとして伝えられている。

下村彦右衛門正啓
「マーケティング戦略」のポイント

前半生	高い目標を掲げ手段を選ばず邁進する

1
ナンバー1戦略

天下一の商人になるという
目標を掲げる

2
創造的模倣戦略

三井越後屋の商法を
他の土地で実践

3
PR戦略

借傘・てぬぐい・風呂敷などで
知名度を上げる

後半生	ビジョンを掲げてそれを実行する

1
ビジョナリー戦略

「先義後利」という
理念を掲げる

2
ソーシャルグッド戦略

貧民救済などの
社会貢献を重視

●傾きかけた家業を継ぐ

　大丸百貨店の始祖、下村彦右衛門 正 啓は、元禄元（1688）年、
父下村三郎兵衛の三男として京都伏見で生まれました。家業は
大文字屋という古手屋（古着屋）でした。当時の庶民は、着物
を新調するお金はないので、古着屋で買うのが一般的でした。

　正啓が19歳で老齢の父の店を継いだ時、下村家は困窮の真っ
只中にありました。祖父からの財産を父が食いつぶしたからで
す。正啓には二人の兄がいましたが、長兄は早世し、次兄は優
柔不断で商売に向いていませんでした。

　そんな状況を改善すべく、正啓は京都で仕入れた古着を大風
呂敷に包んで背負い、伏見まで運んで売るという地道な商売を
続けました。片道三里（12キロ）の道のりを毎日往復しました。
一度に商品を仕入れるお金がなかったからです。

　正啓は、背が低く頭が大きく耳たぶが垂れ下がっていました。
それ故、容姿のことをからかわれることが多かったのですが、
いつもニコニコと客に接する姿は誰からも好かれました。この
ことから、正啓が縁起物の福助人形のモデルだとする説もあり
ます。

●自らの店を創業し大きな野望を持つ

　享保2（1717）年、コツコツと貯めたお金で、正啓は伏見
の一角に小さな自分の店を開きました。30歳で念願の店持商
人になったのです。屋号はまだ大文字屋でしたが、大丸はこの
年を創業年としています。またこの頃から古着だけでなく、新
物呉服も扱うようになりました。

　当時、商人の間では、「江戸店持京商人」が理想で成功の証

と考えられていました。本店や仕入れ部門はすぐれた文化や製造技術がある京に構えながら、政治の中心で消費人口が多い江戸に支店を置き、そこで売って儲けるというものです。

　しかし、**正啓はより大きな野望を持っていました。「天下一の商人になる」というもの**です。そのために、**京と江戸だけでなく、大坂や名古屋にも目を向けていました**。当時の大坂は、天下の台所と呼ばれ全国の物流や経済の中心地。名古屋は上方と関東を結ぶ交通の要衝で、江戸進出への足掛かりにもなります。徳川御三家筆頭尾張藩の城下町で、政治的にも安定していました。まだ小さな店の頃から、正啓は手代を名古屋の視察に向かわせ市場調査を行なっていたのです。

●大坂での成功　名古屋へ進出

　創業から9年後の享保11（1726）年、正啓はようやく大坂進出を果たします。場所は心斎橋から一町（約110メートル）ばかり南の木挽北ノ町西側。間口一間×奥行二間（一間は1.8メートル）のごく小さな店でした。しかも、共同経営。売り出された「松屋」という店を、同業者の八文字屋甚右衛門とともに買い取ったのです。正啓にまだ単独で店を買う力はありませんでした。ちなみに、現在もこの場所には、大丸の本店にあたる心斎橋店が建っています。

　この小さな店舗から正啓の快進撃が始まりました。江戸で繁盛していた「三井越後屋」の商法を徹底的に真似たのです。三井高利が「現金安売り掛け値なし」という商法を発案してから約50年がたっていましたが、大坂ではまだ一般的ではありませんでした。

「贅沢品である呉服を現金で売るなどありえない。江戸では通用しても上方では無理だ」と同業者たちは考えていたのです。しかし予想に反し、現金商法はたちまち大評判を呼びました。売れに売れたのです。

　大坂で成功した正啓は、2年後の享保13（1728）年には、名古屋本町四丁目に名古屋店を開き、初めて「大丸屋」と称します。現在でも使われている、大の字を○で囲った商標も、この時定められました。マルは「宇宙」を表し、「大」は一と人を組み合わせたもの。天下一の商人を目指す心意気を表現したものです。

　この頃、江戸幕府は八代将軍徳川吉宗の治世。財政危機を立て直すため、質素契約令を出し、贅沢を徹底的に取り締まりました。将軍自らも、木綿の着物で節約の権化のような生活を送っていたのです。それに反して、当時の尾張藩主徳川宗春は、派手好きで幕府に対抗するような開放的な政策を打ち出していました。そのため城下の名古屋も大いに賑わい、呉服の需要も増大していました。大丸もその流れに乗って大繁盛し、藩主宗春の御用達を務めるまでになりました。この頃、大坂店も共同経営を解消し、単独で経営するようになります。

● 「先義後利」のビジョンを掲げ理念経営へ

　大坂と名古屋の大成功で、大丸は大店と呼ばれ、正啓も豪商の仲間入りをしていました。しかし正啓の胸の中には、ただ利益を追い求める生き方への疑問が芽生え始めていたのです。禅寺に通い坐禅を組みながら、自分が何のために商売をするのかについて思いを巡らしました。

やっとの大坂進出！すごく小さなお店を同業者と共に買い取り、共同経営。

全てはここから始まった…

（今でもこの場所には大丸本店が！）

三井高利「三井越後屋」を徹底的に真似し、快進撃！

↳ 名古屋店も繁盛、大坂店も単独経営に！

ロゴには、天下一の商人を目指す心意気！！

マル＝「宇宙」

大＝「一」と「人」の組み合わせ

　商人は、世の中に必要な商品を必要な場所に届けた御礼として利益を得ることができる。利益そのものが商売の目的ではない。そのような思いを禅僧に話すと、中国の儒学者 荀子の「栄辱篇」にある「先義而後利者栄（義を先にして利を後にする者は栄える）」という言葉を教えてもらいました。「義」とは人としての道。まず**「人としての正しい道」をきちんと全うして商売に励めば「利（＝利益）」は自ずとついてくる**という意味です。略して**「先義後利」**と呼ばれる大丸の「経営理念（店是）」が誕生した瞬間でした。

　元文元（1736）年、正啓は「先義而後利者栄」という言葉を自らの筆でしたため掛軸にし、翌年には全店舗の店頭に掲げました。

●待望の江戸進出を見届け隠居

同じ頃、京・東洞院船屋町に大丸総本店「大文字屋」を開店します。この店は間口三十八間（約68メートル）、奥行五十五間（約100メートル）、面積は約二千坪という広大なものでした。

さらに寛保3（1743）年、江戸日本橋大伝馬町三丁目に待望の江戸店を開業します。江戸には三井越後屋をはじめ名だたる呉服屋が存在していましたが、大丸はわずかの間に彼らと肩を並べる大店となりました。こうして四都（京・大坂・名古屋・江戸）に店を持った正啓は、一代で日本有数の呉服商になったのです。

江戸進出を見届けると、正啓は家督を息子に譲り隠居しました。亡くなるまでの4年間に、年末の貧民救済の施行など、多くの社会奉仕事業と家訓の作成に没頭したと言われています。

1

創造的模倣戦略

成功したモデルを場所を変えて実施する
──「現金安売り掛け値なし」の転用

大丸がブレイクしたきっかけは、大坂の地で、三井越後屋の商法を徹底して模倣したことでした。「現金安売り掛け値なし」は、江戸では当たり前となりつつあるビジネスモデルでしたが、大坂ではまだ普及していなかったのです。

そこに目をつけた正啓でしたが、これが予想以上に当たりま

す。今まで呉服を買えなかった庶民にまで客層が広がりました。庶民の力が強い大坂の地にぴったりの商法だったのです。

　正啓は当初、通常の見世物商い（富裕層への外商）も併行して行なうつもりでした。しかし店頭売りのあまりの繁盛ぶりに外商どころではなくなり、店員を増員し、店も改築して増床することになります。

　名古屋に出店した時も、当地ではまだ一般的でなかった「現金安売り掛け値なし」の商法を実行しました。同業者から数々の嫌がらせを受けますが、庶民から圧倒的な支持を得て店は繁盛したのです。

2 　PR戦略
江戸進出に向けて
萌黄色の風呂敷を広める
──模倣だけでない斬新なPR戦術

　正啓は、三井越後屋の宣伝手法にも大いに感化されました。たとえば、雨が降ると無料で大丸のロゴが入った傘を貸し出しました。この「大丸借傘」は越後屋のアイデアをそのまま模倣したものでしたが、〇に大の字が入っただけのデザインは見栄えがよかったため、歌舞伎の舞台に登場したり、浮世絵にも描かれたりしました。

　ただ模倣をするだけでなく、新しいアイデアでのPR戦術も次々と実施します。京や大坂の主な神社や寺院に大丸のロゴ入

正啓 3つのPR戦略

大丸借傘

三井越後屋の真似くん。
シンプルなロゴで
評判がよかったそう😊

ロゴ入り手ぬぐい

真似だけでなく、新しい
アイデアも！
手社に手ぬぐいを寄付。
参拝した人が利用し
知名度アップ♪♪

萌黄の風呂敷

輸送に、萌黄色にロゴを
染め抜いた風呂敷を
使用した。
派手な風呂敷は人々の
目にとまり、話題に！

りの手拭いを大量に寄進しました。多くの人が手洗いの時にそれを見るので宣伝効果抜群です。

●江戸進出にむけての PR 戦略

　正啓は江戸店オープンにむけて、数年前から着々と PR を進めていました。萌黄色（黄緑色）に大丸の商標を染め抜いた派手な風呂敷を大量に作ったのです。当時、大丸は江戸の呉服屋に商品を卸していました。その輸送に使ったのです。

　東海道を移動する旅人たちは、大丸の目立つ風呂敷をよく目にすることになります。また、荷物の中にもその風呂敷を同封しておきました。すると、江戸の取引先の店員が便利でおしゃれだということで、荷物を持ち運ぶ際に使ってくれました。そして、その派手な風呂敷は江戸の町でよく目撃されるようになります。数年後、江戸に進出した時には、大丸の商標は江戸庶

民の間でもかなり有名になっていたのです。

●受け継がれる PR 上手の伝統

　正啓の死後も PR 上手の伝統は受け継がれていきます。宝暦7（1758）年、前将軍徳川吉宗の孫にあたる松平定信（のちに白河藩主の養子になり、老中として寛政の改革を指揮）が誕生しました。その際、大丸が産着の御用を受けたところ順調に育ちました。それにあやかり、江戸店で同じ商品を「子育産着」と名付けて売り出したところ、大評判となって非常によく売れたといいます。

3 ビジョナリー戦略
「先義後利」というビジョン
──理念経営の先駆け

　正啓は「先義後利」という理念を、お題目にしませんでした。日頃から息子や従業員たちに対して以下のようなことを繰り返し説き、理念を徹底的に浸透させました。

　「お客のためにならぬものは絶対に売らないように。目先の利益ばかりを考える商いは私は嫌いだ。お客がどんなに急ぎで欲しいものであっても、足元を見て高値をつけてはいけない。たとえ大名であっても、庶民の子供であってもお客に上下をつけて接してはならない」

貧民救済などの社会貢献
──富めば好んでその徳を行なう

　正啓は、貧民救済などの社会奉仕活動にもひときわ熱心でした。大丸で売られていた商品は、値札の裏に「富好行其徳（富めば好んでその徳を行なう）」の五文字が刷り込まれていました。これは『史記』貨殖列伝を出典とする言葉で、「富める者は徳を行なうことが義務である」という考えを示したものだと言われています。

　実際、正啓は年末には欠かさず貧民救済の施行を行いました。自らも京の下町に出向き、寒空の下、衣類や食事をふるまうのです。当初は密かに実施されていましたが、やがて世に知られるようになり歳末の恒例行事となりました。正啓の没後も、この習慣は絶えることなく続き、多い年にはこの施行に、銀五十三貫（約7000万円）を費やしたといいます。

●大丸は義商なり。犯すなかれ

　時代は下って、天保8（1837）年、大坂で「大塩平八郎の乱」が勃発します。大坂東町奉行の元与力であり陽明学者でもある大塩平八郎が起こした江戸幕府への反乱です。米不足で飢饉に苦しむ庶民の窮状を顧みず、幕府の顔色だけを窺う役人と私腹をこやすことに執着する豪商たちに対する怒りが原動力でした。

　大塩が率いた群衆は、「救民」と書いた旗を掲げ、鴻池善右衛門や天王寺屋五兵衛などの豪商の屋敷を次々に襲撃して火を

放ち、奪った米や金銀を貧しい人たちに配りました。しかし心斎橋の大丸は火を放たれず被害を免れたのです。

当時、大塩が「大丸は義商なり。犯すなかれ」と命じて群衆を抑えたためだという噂が大坂中に広がりました。結局、反乱は1日で制圧され、大塩も自害に追い込まれたので、真偽は明らかではありません。ただそのような噂が広まるほど、「大丸＝義商」という評判が定着していたということでしょう。

2007年、大丸は松坂屋と合併して共同持株会社「J.フロント リテイリング株式会社」を設立し、その傘下に入りました。社是は、今でも「先義後利」が受け継がれています。

◉大丸 心斎橋店の現在

正啓が間口一間で借りた場所から発展した大丸心斎橋店。

1933年には、この地にアメリカ人建築家ウィリアム・メレル・ヴォーリズが設計したネオ・ゴシック様式のデパートメントストアが完成しました。この建物は長年、御堂筋沿いのランドマークとして親しまれてきましたが、老朽化のために2015年に建て替えが決定。4年の歳月をかけて2019年9月20日にグランドオープンしました。名建築を惜しむ声が多かったため、中層階まではできる限り旧館のデザインが残されています。

京セラ・KDDI・JAL
稲盛和夫の理念経営

　下村彦右衛門正啓は「先義後利」というビジョンを掲げて事業を発展させる「理念経営」の先駆者でした。現代において「理念経営」という言葉で、真っ先に思い浮かべるのが、京セラの創業者稲盛和夫でしょう。

●京セラ・KDDI を創業し、JAL を再建する

　稲盛は、1932年鹿児島市生まれ。大学を卒業後、京都の碍子メーカーである松風工業に就職。1959年4月、知人より出資を得て、資本金300万円で京都セラミック株式会社（現在の京セラ）を設立。一代で大企業へ発展させます。

　さらに1984年、電気通信事業の自由化に即応して、第二電電企画株式会社を設立。その後、合併を繰り返し、現在は、携帯電話 au ブランドなどを持つ大手通信事業者 KDDI になっています。

　また2010年、稲盛は巨大な負債を抱えて、事実上倒産した日本航空（JAL）の再生を託され会長に就任します。すると翌期には黒字に転換。わずか2年8カ月という短期間で再上場を果たしました。

　また経営塾「盛和塾」の塾長として、経営者の育成に心血を注いだことでも知られ、日本を代表する経営者のひとりです。そんな稲盛が経営において最も重要視するのが「理念＝フィロ

ソフィー」なのです。

●団体交渉で理念の重要さに気づく

　創業当時の稲盛は、京セラを誰にも遠慮せずに研究開発ができる「自分の技術を世に問う場」と位置づけていたといいます。ところが事業が軌道に乗り始めたころに、若手社員が団体交渉を申し込み、将来にわたる昇給、賞与の保証を求めてきました。毎日、遅くまで残業していたことで将来に対する不安が芽生えたのです。

　稲盛は社員を必死で説得しますが、なかなか納得してもらえません。3日3晩かかって、最後は「信じられないなら信じなくていい。だまされる勇気も持ってみないか。だまされたと思ったら、俺を刺し殺してもいい」という言葉で、ようやく納得してもらえました。

　その時、稲盛は、「会社の目的は何だろう？」と真剣に考えました。その結果「会社はエンジニアである自分の夢を実現するためのものではなく、従業員とその家族の生活を守っていくことが目的」だと気づいたのです。その結果、「全従業員の物心両面の幸福を追求すると同時に、人類、社会の進歩発展に貢献すること」という経営理念を掲げることにしました。すると社員の心がまとまり、業績が挙がるようになったのです。

●アメーバ経営

　経営理念を浸透させるために、稲盛が創り出した独自の経営管理手法が「アメーバ経営」です。京セラをはじめ、稲盛が創業したKDDIや再建に携わった日本航空など約700社に導入さ

れています。

　組織をアメーバと呼ぶ6〜7人の小集団に分けます。各アメーバのリーダーは、それぞれが中心となって自らのアメーバの計画を立て、メンバー全員が知恵を絞り、努力することで、アメーバの目標を達成していきます。

　メンバーの数が少なく、成果が数字にすぐに表れるので、当事者意識を引き出しやすいことがメリットです。その結果、現場の社員一人ひとりが主役となり、自主的に経営に参加する「全員参加経営」を実現できるといいます。

● JALも「理念経営」で再建

　2010年1月、日本航空（JAL）は、2兆3000億円という戦後最大の負債を抱えて、会社更生法の適用を申請します。事実上の倒産でした。政府は稲盛に、そんな日本航空の会長になり、再生を引き受けるよう強く要請しました。

　当初、稲盛は固辞しました。航空業界のことは全くの素人だったからです。周囲からも、「一筋縄ではいかない体質を持った日本航空の再建は絶対不可能」「晩節を汚すことになる」と反対の嵐だったといいます。

　しかし、稲盛はあえて、火中の栗を拾う決意をします。社会的に以下の3つの大義があると考えたからです。

　①連鎖破産等による日本経済全体への悪影響をくい止める
　②残された3万2千人の従業員の雇用を守る
　③ANAとの正しい競争環境を維持して国民の利便性を確保する

　稲盛は京セラから2人の幹部社員だけを連れて、再建に乗り出しました。破綻当初の日本航空は、どの部署の人間も言い訳をするばかりで、倒産したことに対する危機感や当事者意識が欠けていました。このままではとても再建は不可能です。

　そんな中、稲盛が徹底したのは、「JALフィロソフィ」という「理念」を制定して、それを浸透させていくことです。運航、整備、客室、空港、貨物など現場の各部門から10人のメンバーが選ばれ、京セラからアドバイザーも加わり、内容が検討されました。そして、経営破綻から1年後の2011年1月19日に「JALフィロソフィ」が発表されたのです。これにより、社内に共通の価値観が生まれるとともに、全社員の意識改革が進みました。また同時にアメーバ経営も実施されました。それにより、社員一人ひとりに経営者意識が芽生えたのです。

　その結果、長年赤字続きだった日本航空は、翌期には営業利益1884億円を挙げました。世界の航空業界の中でも高水準です。そして、2012年9月には、日本航空は再上場を果たします。わずか2年8カ月という短期間での劇的な復活でした。

第5章

材木商・河村瑞賢

江戸の「ソーシャルビジネス」とは？

社会に貢献しながらきっちり稼ぐ

河村瑞賢 （かわむら・ずいけん）

1618〜1699年◎伊勢国度会郡（現在の三重県度会郡）の貧農に生まれる。13歳で江戸に出て、土木工事の人足頭などで徐々に資産を増やし、30代の頃に材木商を営むようになったと言われている。40歳の時、明暦の大火が起こる。その際、瑞賢は誰よりも早く木曽に向かい材木を買い占めることで莫大な富を得た。その後、老中で相模国小田原藩主の稲葉正則と懇意になり、幕府の公共事業に関わっていく。その中で、東廻り・西廻り航路の開拓、越後の高田藩の中江用水や鉱山開発の指導、大坂淀川河口の治水事業にも携わる。これらの功績により、晩年旗本に列せられ、幕府より禄米150俵を賜る。

河村瑞賢「マーケティング戦略」のポイント

[
社会課題を解決しながら
事業を拡大していき
〝天下にならぶものなしの富商〟に
]

1

ソーシャルビジネス＋江戸の米不足解消

東廻り航路の開発
～陸奥国天領の米を江戸へ～

2

ソーシャルビジネス＋江戸の米不足解消

西廻り航路の開発
～出羽国天領の米を江戸へ～

3

ソーシャルビジネス＋大坂の洪水解消

淀川治水事業

●豪商のち公共事業に身を捧げた男

　河村瑞賢は、材木商として財をなしました。明暦の大火で焼け野原になった江戸の復興に貢献したことから、瑞賢は幕府の重臣たちからもその存在を知られるようになります。

　そして、彼が真骨頂を発揮するのは、当時は隠居する年代であった50代になってからです。その後半生を物資輸送のための海運航路の整備・治水工事・新田開発・鉱山開発など公共事業に捧げたのです。

　瑞賢がプロジェクトリーダーとして総指揮を執った数々の公共事業によって、江戸はもとより日本全国の町が発展しました。その後、江戸は人口100万という世界的な都市に発展を遂げますが、その礎を築いたのは瑞賢だといっても過言ではありません。また大坂が「天下の台所」と呼ばれるようになったのも、瑞賢の治水工事のお蔭です。瑞賢が行なった公共事業が、東北地方と江戸・大坂を結び付け、日本という国を一つにしたと言ってもいいでしょう。

●社会問題を解決しながら収益を上げる

　それらの事業は、決して幕府や藩のためだけに実施されたものではありません。江戸や大坂の町人はもとより、全国の中小の商人や農民などにも大きな実益をもたらし、様々な社会課題を解決する画期的なものでした。物流や治水が整備されると、経済は飛躍的に発展します。それは瑞賢の本業である材木商を繁盛させことにも繋がりました。その結果、瑞賢は江戸でも有数の豪商となったのです。

　社会問題を解決しながら、きちんと事業収益を上げるという

モデルは、現在におけるソーシャルビジネスの先駆けだと言えるでしょう。

　晩年はその大きな功績から、江戸幕府より旗本の地位を賜りました。正徳の治を行なった儒教学者新井白石をして「町人にての大智の者と申し候」**「天下にならぶものなしの富商」**と唸らせたほどです。

1 ソーシャルビジネス
江戸の米不足を解決せよ！
——東廻り航路、西廻り航路の開拓

●瑞賢53歳で国家的課題を託される

　徳川幕府4代将軍家綱の時代。明暦の大火からの復興で、江戸の人口が爆発的に増え主食である米の不足が顕著になります。東北地方の天領地（幕府直轄地）の米が効率よく江戸に運ばれていなかったことも要因のひとつでした。

　その物流改善の責任者として白羽の矢が立ったのが、大商人として知られるようになった河村瑞賢でした。江戸復興事業を通じて、その手腕を高く評価されていたからです。寛文10（1670）年、瑞賢53歳の時、将軍後見役保科正之から「陸奥国伊達群（現在の福島県）の幕府領地米数万石を効率よく江戸に輸送するための航路を開拓せよ」と命じられました。

　当時、大量の米を峠が多い陸路で長距離輸送することは困難

で、原則として船（川舟・海船）で運びます。しかし、犬吠埼沖と房総半島沖は難所中の難所で、たびたび海難事故が起こっていました。特に、大量の米を載せての航海はリスクが高かったのです。そこで従来は銚子で米を川舟に積み換え、利根川をかなり上流まで上り、そこから江戸川を下って江戸に運んでいました。積み替えが多く距離もあるため、輸送に1年近くの時間と膨大な費用がかかり、不正による損失米も多くとても効率が悪かったのです。このままでは、早晩、江戸に米が足りなくなります。

●東廻り航路〜自ら現地調査してボトルネックを解消

　瑞賢は、さっそく現地調査を行ない、問題点を洗い出しました。**幕府も商人も目先の利益にとらわれ、安い運賃でできるだけ早く多く運ぶことを優先したことが不正や海難事故の原因だったこと**も突き止めました。そして以下の4つの施策を実行しました。

①安全性を優先

　海運技術が進んでいた伊勢・尾張・紀伊の商船と、熟練した船頭・水夫を高い報酬で雇った。

②幕府直轄の船であることを示す

　御城米船のノボリを掲げさせ、沿岸の藩にはその保護に当たらせる。

③過積載を徹底管理

途中の寄港地を3ヵ所に定め、立務所を設けて荷物を検査

④事故のリスクを軽減

房総半島から無理に江戸湾に入るのではなく、一度伊豆半島の下田に寄港してから西南の風を待った上で江戸に入るようにした。遠回だが、安全性は格段に上がる。

この新ルートは「東廻り航路」と呼ばれました。実際に運航が始まると、**大量の米は、3ヵ月で一升も失われることなく江戸に運ばれ、大成功を収めた**のです。

●西廻り航路〜2400キロの航海ルートを徹底調査

寛文12（1672）年、東廻り航路開発の功績を高く評価した幕府は、今度は出羽国（現在の山形県）の幕府領地米数万石の輸送ルート開発を瑞賢に命じます。

こちらも複雑なルート（福井〜琵琶湖〜大津〜桑名〜海路で江戸）を通って運ばれていたため、約1年かかっていました。しかも、大半の米は江戸に運ばれることなく大坂で現金化されていました。

瑞賢は、出羽の酒田から日本海を関門海峡まで西に進み、そこから瀬戸内海に入り、大坂を経由して紀州沖・遠州灘・下田を経て江戸に入るという西廻り航路が最適だと考えました。これだと距離的には大きく遠回りになるものの、荷物の積み下ろしをせずにずっと海路で運搬できます。

ただし、全長2400キロにわたる長距離の航路になるので、

寄港地の選定から難所をどう乗り越えるか等、全国各地でリスクに対する備えが重要になります。瑞賢は、使用人を航路先に向かわせ、地理や港湾の様子、現地の商人たちの利害関係などを詳しく調べさせました。その結果をまとめ、幕府に以下の7つのポイントを書いた提案書を提出したのです。

①使用する船の変更

商人請負を改め、幕府直轄の船とし、頑丈で知られる讃岐・塩飽（しわく）など東瀬戸内海の船と船頭を雇う。

②最上川上流から酒田までの輸送の改善

上流の舟持ちだけが独占していたが、それを改め下流の舟持ちにも分配。

請負人負担だった舟賃を幕府が負担。

③酒田における米の保管方法の改善

商人の蔵に保管していたが、御城米専用の野積みの米蔵を建て保管する。

船積み費用を酒田の領主から幕府負担にする。

④寄港地の10カ所の制定

東廻り航路と同様に御城米船のノボリを掲げる。

寄港地10ヵ所に立務所を設ける。入港税の免除。

⑤難所の整備

岩礁が多い関門海峡には水先案内船で備える。

志摩菅島では、毎夜烽火を挙げ廻漕船の目標とする。

⑥春分前後を避けて北上

毎年春分前後は強い西風が吹くので、その時期を避けて北上する。

⑦瑞軒自身の目で現地調査して確かめる

幕府はこれらの提案をすべて受け入れました。その後、瑞軒は酒田から実際に西廻りで船で移動し、現地での利害関係を整理していきました。その結果はめざましいものでした。奥羽の米は従来1年かかっていたのが、約5カ月で江戸に入るようになり、損失米も大幅に減りました。

●日本の海運の基礎をつくる

東廻り航路と西廻り航路を開拓したことで、物流は大きく改善されました。**農民をはじめ地方への収入を増やし、江戸への食料供給が安定するようになった**のです。

幕府は瑞軒の功績を高く評価し、金三千両（約3億円）を賜与しました。

東廻り航路・西廻り航路

蝦夷

☑ 課題
積み替えが多く、時間と費用がかかる

💡 解決
①急がば回れで、遠回りながらも積み替えのないルートに
②現地の様子を詳細に調査し、リスク管理を

📈 結果
1年→5ヶ月に短縮に成功！

西廻り航路

江戸

九州

当時の背景
陸路での大量の米の運搬が困難なため航路を選ばなくてはならない。

東廻り航路

🚩 目的
物流を改善して江戸の米不足を解消！

☑ 課題
・安全性が低く海難事故多発
・目先のコストカットが優先されていた
・時間がかかり、損失米も多い

💡 解決
・ルートの改善
・荷物の過積載の管理の徹底
・熟練の水夫を充分な報酬で雇う

📈 結果
・1年かかっていたのが3ヶ月に！
・損失米を大量だったが、一升未満に！

2 ソーシャルビジネス

大坂の洪水を防げ！
──「天下の台所」を生んだ淀川の治水工事

　東廻り航路と西廻り航路を開拓したことで、河村瑞賢への幕府の信頼はますます厚くなりました。瑞賢はその後も、越後高田藩からの依頼で、治水工事、新田開発、鉱山開発などを手がけました。

　天和3（1683）年、幕府は、大坂の治水の抜本策を講じるため、若年寄・稲葉正休らを派遣し、一行に瑞賢を随行させ調査に当たらせました。以前から大坂では淀川・大和川で洪水被害が度重なり、周辺の住民からの訴えが数多く寄せられていたからです。調査の結果、治水工事の全権は瑞賢に委任されることになりました。瑞賢66歳の時です。

　貞享元（1684）年正月、再び大坂に赴いた瑞賢は、淀川河口にある九条島が水の流れを妨げていると考え、島に新しい川を堀って水が大坂湾へまっすぐに流れ込むように開削工事を行ないました。工事はわずか20日間でやり遂げられ、こうしてできた南北約3km、幅約1kmの新しい河道「新川」は、後に「安治川」と名付けられました。

　この後に瑞賢は4年にわたって、大坂に通い、治水工事の指揮を執りました。さらに最晩年にも再び大坂を訪れ、治水工事

を行ないました。

●新井白石も瑞賢を讃える

　正徳の治で知られる新井白石は『畿内治河記』の中で、大坂
での瑞賢の功績を讃えています。

　「水害で荒らされてきた田は、今では肥えて作物がよくできる
地となった。（中略）川のまわりの人々は声を揃えて喜び合い、
工事をほめる声は野に満ちている。（中略）誠に国家の喜びで
あり、人々の暮らしを永久に支えることになる。昔から今まで
に、こんなにも大きな功績を立てた人はいるだろうか」

●「天下の台所」の礎を築く

　また治水効果もさることながら、これまで大きく迂回して市
内に入ってきていた船は、大坂湾から直接堂島川や土佐堀川に
入ることができるようになりました。やがてこれらの川の沿岸
には各藩の蔵屋敷が建ち並ぶようになり、米はもとより全国か
らの特産品が集まるようになりました。大坂は「天下の台所」
として飛躍的な発展を遂げることになるのです。

　このように瑞賢が行なった事業は、江戸や大坂などの町の礎
を築いたといっても過言ではありません。一方で、幕府の重臣
たちと強く結びついていたことで、「強欲な政商」という評価
も一部ではあります。
　しかし財をなした後、高齢になってからも全国各地に自ら足
を運んでプロジェクトリーダーを務めていたことは、お金だけ

が目的ではできないでしょう。

●河村瑞賢のビジネス嗅覚

『翁草』という書物に、河村瑞賢のことが以下のようなことが記されています。

「自ら工夫をこらすことによって、他の業者に比べその費用が安いうえに高い業者より出来ばえもよく、なおかつ早くて正確なので、世の中の人たちはこぞって称賛した」

　瑞賢には、その商才がわかる様々なエピソードが残されています。その中からいくつかをご紹介しましょう。

① 盂蘭盆の野菜で資金を得る

　13歳で江戸に出た瑞賢は、車力（運搬夫）として生計を立てていました。しかし7年たっても生活は変わりません。20歳の時、商売の本場大坂に行って一旗上げようと旅立ちました。ところが東海道の小田原宿で相部屋になった老人に「お前はいい骨相をしている。江戸はこれから発展する。大坂ではなく江戸に戻って商売しろ」とアドバイスを受けます。瑞賢はそれに素直にしたがって江戸に戻ることにしました。

　品川まで戻った瑞賢は、海に大量の茄子や瓜が漂っているのを目にします。ちょうど盂蘭盆の飾りが川に流されたものです。その瞬間、あるアイデアが思い浮かびました。

　瑞賢はそれらの野菜を回収し、漬物にして作業現場の人夫相手に売ったのです。塩辛い漬物は人夫たちに好評で、この商売

は大繁盛しました。元手を稼いだ瑞賢は、人足の取りまとめ役から土木工事の請負業をするようになり、やがて材木商を営むようになったのです。

② 芝増上寺の鐘 吊り下げ工事を受注

　ある時、徳川家の菩提寺である芝増上寺の「釣り鐘」の掛け金が、重さに耐えかねて折れ、鐘は落ちて転がってしまいました。機械がない時代、これだけの重さの鐘を運んで持ち上げるのは大変な作業。普通であれば膨大な人足と数カ月の時間が必要です。業者による入札が行なわれましたが、瑞賢はなんと他の業者の半額以下の金額で落札しました。

　他の業者はあんな金額で受注したら大損するだけだと嘲笑しましたが、瑞賢が実施した手法は予想外のものでした。まず近くの米屋から大量の米俵を買い、鐘の近くまで運びます。そして米俵の上に鐘を置いて転がします。そして米俵をひとつずつ高く積み上げていき、その上に鐘を転がしていくという作業を繰り返します。鐘楼の下に来る時にはちょうどいい高さになっていました。そこで初めて鐘を立て、龍頭の掛け金にひっかけたのです。作業はわずか1日。これには多くの見物人も驚きました。

　さらに作業を終えると、米屋に米俵を1割引きで売り戻すと知らせました。すると米屋たちは売った米俵をすべて引き取っていきました。他で売るとまるまる1割得するからです。つまり瑞賢は、米俵の1割の手数料だけで、足場も組まずに1日で作業を終えたのです。

③ 明暦の大火で誰よりも早く木曽へ

瑞賢40歳。明暦3年（1657）年正月、江戸の街の3分の2を焼き尽くし10万人以上の死者を出した明暦の大火が起こります。店にも火の手は迫っていましたが、瑞賢は家財道具を顧みず、なけなしのお金をかき集めてすぐにヒノキの大産地である木曽福島（今の長野県木曽郡）に向かいました。雪に閉ざされた木曽に江戸大火の情報が届き、木材が高騰する前に買えるだけ買うという作戦です。

誰よりも早く木曽に着いた瑞賢は、大地主の子供に「小判3枚に穴をあけて紐で繋いだおもちゃ」を作り与えました。大地主は瑞賢のことを余程の大商人だと思いました。その結果、わずかな手付金でその地の全木材の独占販売権を獲得。遅れてやってきた他の材木商は瑞賢から買うしかなく、巨利を得たのです。

瑞賢は、その資本を元手に大火で焼けた江戸の復興事業に尽力しました。建築ラッシュのために材木の需要は高く、やがて瑞賢は大商人になり、幕府の重臣たちとの関係を深めていくのです。

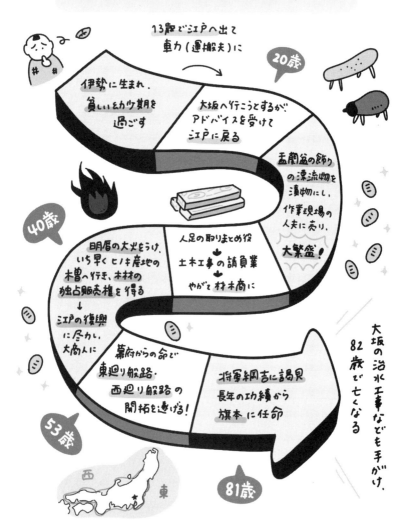

江戸式を受け継ぐ現代のマーケティング戦略

ソーシャルビジネスの3条件と
リネットジャパングループ

　河村瑞賢のように社会問題を解決しながら、きちんと事業収益を上げるという方法は、現在ではソーシャルビジネスと呼ばれ、非常に注目されています。そのようなビジネスを始める人のことを社会起業家と呼びます。

●ソーシャルビジネスの3条件

　ソーシャルビジネスや社会起業家という言葉が広まるきっかけになったのは、グラミン銀行の創業者であるムハマド・ユヌスの存在が大きいでしょう。マイクロファイナンスと呼ばれる貧困層を対象にした低利・無担保融資を行なうことで、生活に窮する多くの人々の自立を支援したことで知られ、2006年にはノーベル平和賞を受賞しました。

　ここ十数年、日本でも数多くのソーシャルビジネスや社会起業家が登場しています。経済産業省のソーシャルビジネス推進研究会報告書によると、以下の3つが満たされていることが「ソーシャルビジネス」の条件だといいます。

①社会性

　現在、解決が求められる社会的課題に取り組むことを事業活動のミッションとすること。

②事業性

①のミッションをビジネスの形に表し、継続的に事業活動を進めていくこと。

③革新性

新しい社会的商品・サービスや、それを提供するための仕組みを開発したり、活用したりすること。また、その活動が社会に広がることを通して、新しい社会的価値を創出すること。

これらの3つの条件をクリアしながら、継続してきちんと収益をあげている会社として、リネットジャパングループを紹介しましょう。

●リネットジャパングループの3つの柱

リネットジャパングループは、2021年現在、大きく以下の3つを柱に事業を展開しています。

①ネットリユース事業

会員数300万人を擁する世界最大級のネット中古書店「NETOFF（ネットオフ）」を展開しています。インターネット黎明期の2000年にサービスを開始。業界のパイオニアとして、実店舗を持たないネット専業で「宅配買取」という中古リユースモデルを構築。本、DVD、ゲーム、CD以外にもブランド品、金、ジュエリー、携帯電話、楽器など総合リユースの買取・販売も展開しました。家庭に眠るもったいない品を買い取って売ることで、循環型社会をつくっていくことを目標としています。

②小型家電リサイクル事業

　家庭で不要となったパソコン、携帯電話、その他小型家電を
インターネットと宅配便を活用して回収。そこから金・銀・レ
アメタルなどの貴重な資源を取り出すビジネスモデルを開発し
て提供しました。

　通常、廃棄される小型家電を宅配便で回収することは違法で
すが、リネットは佐川急便との提携により小型家電リサイクル
の許認可を取得。法律に基づく適正ルートとして宅配回収を実
施することで、全国で唯一（2021年4月時点）、環境省・経済
産業省からの許認可を取得しました。また200以上もの全国自
治体と連携を行なって、リネットの宅配回収が「行政サービス
の一環」として採用されています。これによって、税金を使わ
ない形での回収事業を実現することが可能に。

　回収された小型家電から、金・銀・レアメタルなどの資源を
取り出すことで、日本の家庭に眠る埋蔵量世界一とも言われる
「都市鉱山」の海外流出を防ぎ、国内でのリサイクルを推進し
ています。さらに、回収した使用済みパソコンの分解工程は、
集中力が高いとされる知的障がい者の仕事に向いていることか
ら、この都市鉱山のリサイクルを拡大することで、障がい者の
雇用を創出拡大していくことも目指しています。

③カンボジア事業

　発展の著しいカンボジアにおいて「マイクロファイナンス事
業」「人材派遣事業」「中古車の販売・リース事業」の3つの事
業を展開。「マイクロファイナンス事業」においては、ソーシャ

ルな金融機関として金融の力で貧困問題を解決することが目標です。カンボジア国内で自動車整備士などの技能実習生を育て、日本での就労をサポートする「人材派遣事業」は、日本の労働力不足の解決とカンボジア国内の技術レベルの向上を図っています。また、日本へ送り出して終わりではなく、マイクロファイナンス事業と連携させることで、母国へ帰国後、培った技術を活用しての独立開業をサポートし、彼らが現地のリーダーとして活躍できるモデルを目指しています。

●創業者黒田武志のストーリー

　リネットジャパングループの創業者の黒田武志は、1965年大阪府生まれ。1989年トヨタ自動車に入社し、国内・海外のアフターマーケット部門の企画業務に従事。1998年同社を退社後、ブックオフコーポレーションの起業家支援制度の第1号として、ブックオフウェーブを設立し、2000年には名古屋市でイーブックオフを設立、代表取締役に就任します。そして日本最大級のオンライン中古書店「イーブックオフ（現在のネットオフ）」を開設し、宅配買取による本やCDなどのリユース事業を始めました。

　宅配買取とは、自宅にいたままネットで申し込み宅配便で本やCDなどを回収するリステムのこと。今ではごく当たり前になりましたが、当時としては他にない画期的なビジネスモデルでした。2005年にネットオフへの社名変更を経て、2013年リネットジャパンを設立。ネットリサイクル事業に本格的に参入します。2016年12月には、東京証券取引所マザーズに株式の上場を果たしました。

●ビジネスを通じて「偉大な作品」を創る

　創業から10年の2010年、様々な壁を乗り越える中、黒田は創業者として、経営の責任者として、何のために働くのか、この会社が何を目指すべきなのかを自問自答し続けました。そして『ビジネスを通じて「偉大な作品」を創る』という経営理念を定めます。

「偉大な作品」とは、人生を振り返った時に胸を張って誇れるような、「収益」と「社会性」が両立した事業モデルのことです。会社にとって、利益を追求し成長していくことは当然ですが、それだけではなく、自分が生きた証として事業自体が「作品」として残るようにしたいという強い思いが、黒田にはあったからです。

　リネットジャパンは、これまで国や行政や国際支援機関が担っていた社会課題にベンチャースピリッツと創意工夫でチャレンジし、高収益と高成長を実現することを目指しています。今後も現在の事業内容にとらわれず、「偉大な作品」を創り続けていくことでしょう。

首都消滅の危機からの復活
有事のリーダーシップとは？

　河村瑞軒を公共事業に引き入れたのは、当時将軍後見役だった保科正之です。彼は明暦の大火で焼け野原になった江戸の復興に強力なリーダーシップを発揮します。まさに首都消滅というべき危機にリーダーがどう立ちむかったかを知ることは、現代においても大いに参考になるでしょう。

●保科正之とは誰か

　保科正之は慶長16（1611）年、二代将軍秀忠の四男として生まれました。母が大奥に奉公する女中であったため、城外で極秘に出産されます。秀忠の正室・お江の方からの追求を避けるために尼僧見性院（武田信玄の娘）に預けられ養育されました。のちに信州高遠藩主保科家の養子となり、保科姓を名乗ります。異母兄である三代将軍家光にその能力を見出され、会津松平家初代藩主に。家光の遺言により、四代将軍家綱の後見役（実質的な最高権力者）として幕政に参加しました。

　明暦3（1657）年1月18日、のちに振袖火事と呼ばれる「明暦の大火」が発生します。

　「明暦の大火」の被害は以下のように甚大でした。

　・江戸の3分の2が消失
　・当時の人口80万人のうち死者10万人以上
　・消失した大名屋敷500軒　旗本屋敷770軒

　・江戸城 天守閣・本丸・二の丸・三の丸消失（残ったのは西の丸のみ）

　保科正之は江戸復興のリーダーとして陣頭指揮にあたりました。

●保科正之に学ぶ有事のリーダーシップ

①有事のとき、部下はリーダーを見ている

　江戸城にも火の手が迫る中、将軍を城外に避難させる案が検討されました。しかし、正之は有事に際してリーダーが逃げては人心に不安を与えると「本丸が焼けたら西の丸へ。西の丸が焼けたら、屋敷の焼け跡に陣屋を建てればよい」として将軍を江戸城にとどまらせます。自らの会津藩邸が燃えているという知らせにも「今はそんな私的なことを顧みる暇はない」と一蹴しました。

②被災者の救済

　そして、即座に幕府の備蓄米を放出。江戸の6カ所で、1日千俵の炊き出しが7日間行なわれ、さらに延長されることになります。家を焼け出された江戸町民に復興の資金援助として、すぐに供出できる埋蔵金の全額16万両（約160億円）を支給することを決定。老中をはじめとする幕僚たちからは「それでは金蔵がカラになってしまいます」と反対の声があがりました。しかし正之は「幕府の貯蓄はこういう時に使って、町民を救済安堵させるためのもの。いま使わなければ、貯蓄しておく意味などない」と一喝します。

③物価の安定

　焼け野原になりモノがない状態では物価が高騰しやすくなります。正之は米価の上限を決め、米の確保にも全力を挙げました。

　また、参勤交代で江戸にいる大名を国許に帰し、国許にいた大名には江戸に来なくて良いと通知。これにより江戸の人口を減らすことで、物価の高騰に歯止めをかけようとしました。幕府の権威よりも実利を優先した施策でした。

④災害に強い街づくり

　正之は、町民救済に力を尽くす一方、江戸を災害に強い町にするための行動も迅速でした。それまでの城下町は戦国時代の発想で、できるだけ攻め込みにくいように入り組んだ道路をつくるのが一般的でしたが、正之はその常識を覆す以下のような施策を打ち出します。

・主な道路の幅を6間（10.9m）から9間（16.4m）に拡張
・主要な場所に、空き地や広小路を設置
・芝や浅草などの新堀を開削
・神田川の川幅を拡張
・隅田川に初めての橋である両国橋を架設（避難路確保）
・徳川御三家や大名・旗本屋敷・寺社などを移転（市街地拡大）

⑤天守閣の再建とりやめ

　焼失前の江戸城は、5重5階地下1階の天守閣を誇っていました。江戸城の再建の折、当然天守閣も再建すべしという老中

たちの意見に正之は反対します。「城の守りに天守閣は必要ではない。このような時に天守閣を建設するのは庶民の迷惑になる」と言い切ったのです。結局天守閣は再建されず、その予算は町の復興のために使われました。そして、江戸時代を通じて江戸城の天守閣が再建されることはなかったのです。

第 6 章

豊島屋十右衛門「豊島屋酒店」

「原価販売ビジネス」で大繁盛店に!

お客さんのために創意工夫を!

豊島屋十右衛門（としまや・じゅうべい）

生没年不詳◎代々、豊島屋の店主に受け継がれてきた名跡。初代豊島屋十右衛門は、徳川家康が江戸に領地替えになった後の慶長元年（1596）に神田鎌倉河岸（現在の千代田区内神田）で酒屋兼居酒屋を始めた。その後さまざまなアイデアで大繁盛店になり、江戸中期には江戸商人十傑に選ばれるほどの大店になった。

豊島屋十右衛門
「マーケティング戦略」のポイント

顧客満足を高めることで
江戸商人十傑に

1

原価販売戦略

酒を原価販売しても
儲ける仕組みをつくる

2

名物戦略＋価格戦略

名物「田楽豆腐」で
酒の消費を増やす

3

ターゲティング戦略

季節限定商品「白酒」で
女性客を取り込む

●居酒屋のパイオニア「豊島屋」

　天正18（1590）年、豊臣秀吉は小田原城を攻め落とし、関東の覇者北条氏を滅ぼしました。秀吉とともに戦った徳川家康は、それまでの領地を召し上げられ、関東移封を命じられました。

　家康は領地の中心に江戸を選びました。当時、江戸は大きく海が入り込む湿地帯が大部分の小さな町でした。既に栄えていた小田原や鎌倉でなく江戸を選んだのは、関東平野が広がり水運が便利なことに家康が目をつけたからです。先見の明があったと言えるでしょう。

　家康は駿府から江戸に移り、太田道灌が築いた江戸城を居城としました。しかしそこは徳川家が移り住むにはあまりにも小さな城であり、大増築工事が行なわれることになりました。

　その時、築城用の石材や木材の荷揚場として建造されたのが、神田鎌倉河岸（現在の千代田区内神田二丁目付近）でした。資材のほとんどが鎌倉から運び込まれ、運搬に関わる商人や職人たちも鎌倉出身者が多かったことから「鎌倉河岸」と名付けられたと言われています。資材輸送の拠点ですから、多くの人々が集まる場所でした。

●「下り物」の酒を安価で販売

　慶長元（1596）年、鎌倉河岸に「豊島屋」は開業しました。河岸で働く人々相手に、初代・豊島屋十右衛門が始めた「酒屋兼一杯飲み屋」です。彼は出身地等の詳細はわかっていませんが、屋号の由来は、豊島郡柴崎村（現在の千代田区大手町）の地名によるものと言われています。

　当時、酒といえば、伊丹・池田・灘などの上方から輸送され

てきた「下り物」が一般的です。関東にはよい酒蔵がなく味が落ちるので、そこで製造された酒は「下らない物」と呼ばれ敬遠されていました。しかし「下り物」は輸送費がかかるので、当然価格は高くなります。

豊島屋は上質な「下り酒」を安価で提供することで、商売繁盛しました。

そして、代々引き継がれていった豊島屋にイノベーションが起こったのは、それから100年以上たった元文年間でした。

その仕掛け人の名前も、当主が代々引き継いできた豊島屋十右衛門。初代から数えて何代目かもわかっていません。

1 原価販売戦略

外からは見えない 「仕組み」で稼ぐ
——ほぼ原価売りなのに大儲けのカラクリ

8代将軍徳川吉宗が行なった「享保の改革」は、幕府の財政再建が目的でしたが、その結果、厳しい倹約政策と増税により不景気が続きました。

享保から年号が変わった元文年間（1736〜）に、当時の豊島屋当主である十右衛門は、飲み屋に革命を起こします。それは、酒を原価で販売するというものでした。懐が寂しい庶民にとって、これは大ニュース。豊島屋はたちまち大繁盛店になりました。

同業者たちは恐れをなすとともに、あんな売値では利益が出ないから続くはずがないとたかをくくっていました。しかし、いつまでたっても豊島屋は酒の原価販売を続けます。店はますます繁盛していったのです。

　実は、この酒の原価販売にはからくりがありました。豊島屋は「酒」で儲けているわけではなかったのです。**大量に出る空の酒樽で利益を出していました**。空の酒樽は、酢・醤油・味噌などの樽にもリサイクルできるなど様々な用途で使われることから、仕入れ値の1割程度で売れたといいます。中身の酒を安く売ってお客さんが増えれば増えるほど、空の酒樽も多く出るので儲かるという仕組みです。

　また大量に酒を注文するので、仕入れ先に値段を下げるように交渉できました。つまり**他店にとっては原価になる金額でも、豊島屋にとっては利益が出る仕組みを作った**のです。

なぜできたの？

吉宗「享保の改革」で不景気な中…
十右衛門、酒を原価で販売！
飲み屋に革命！庶民は大喜び！

❶ 空になった酒樽を仕入れ値の1割ほどで販売できた

❷ 大量注文で仕入れ値を下げ、他店の原価ほどでも利益出るように

それに加え…

ツケ払いなし＆現金のみにすることにより、手元にキャッシュ
↓
金貸し業もおこなう

店頭では、酒を安く売る代わりにツケ払いは断り、現金しか受け付けないようにしました。仕入れ先への支払いは年に2回の節季払いが通例になっていたので、支払いまでの間、現金が手元に残ります。豊島屋はそれを原資に「金貸し業」も行ない、そこからも利益をあげていました。

このように、酒以外で小さな利益を積み重ねる経営努力により、お客さん相手には酒の原価販売をすることが可能だったのです。

2

名物戦略＋価格戦略

名物のおつまみが大評判
——よりお酒を売るための仕掛け「田楽豆腐」

豊島屋は、特大の豆腐に辛めの赤味噌をたっぷり塗り込んでこんがり焼いた田楽豆腐を酒のおつまみとして提供しました。しかも1本わずか2文（約200円）という破格の値段。その大きさから馬方田楽と呼ばれ、大評判の名物になりました。それ目当てに来る客で、店はますます繁盛します。

この田楽には、おつまみという役割だけでなく、濃い味で喉を渇かせ、さらに酒が飲みたくなるという役割もありました。このように酒と一緒におつまみを食べる居酒屋の原型は、豊島屋が作ったと言われています。

ターゲティング戦略

季節限定商品「白酒」で女性客を取り込む
——堂々とお酒を飲む機会を提供

　豊島屋は、3月3日の桃の節句に白酒を飲む風習を根付かせたことでも有名です。以下のような伝説が伝わっています。

　ある夜、十右衛門の夢の中に紙のお雛様が現れ、白酒の製造の仕方を教えてくれた。教えにしたがって製造してみると、甘くてとてもおいしい白酒ができた。そこで十右衛門はお雛様への御礼に、桃の節句にこれを売り出すことにした。

十右衛門の豊島屋

3月3日の桃の節句に白酒を飲む風習を根づかせた

お雛様が夢の中で白酒のつくり方教えてくれたとか…

当時、人前で飲酒しづらかった女性が堂々と飲めたことで大人気に！

　白酒はたちまち評判になりました。特に女性客に大人気だったといいます。当時、女性は人前でおおっぴらに飲酒すること

ができなかったのですが、桃の節句の白酒であれば堂々と飲むことができたのです。

　やがて、毎年2月25日に始める白酒の大売出しは、江戸の風物詩と言われるほどの人が集まるようになりました。**「山なれば富士、白酒なれば豊島屋」**とうたわれるほどの大繁盛です。

　発売当日は「酒醤油相休申候」（他の酒や醤油などの販売は中止）と看板を掲げ、白酒のみを販売。店内に人が殺到しないように、大きな矢来で入り口を囲み、その上に組まれた櫓には、警備役の鳶職とともに医者を待機させました。万が一、行列中に怪我をしたり体調を崩したりする客がいた場合は、鳶職が引き上げ医者が手当てをするためです。この繁盛の様子は、長谷川雪旦の『江戸名所図会』「鎌倉町豊島屋酒店白酒を商ふ図」にも描かれています。

江戸名所図絵「鎌倉町豊島屋酒店白酒を商う図」

夜明け前から行列ができ、昼頃には売り切れました。1400樽（一升瓶で5万6000本）が空となり、売り上げは1日で数千両（数億円）に上ったといわれます。こうして桃の節句に白酒を飲む習慣は、江戸から全国に広がりました。

　豊島屋十右衛門は、このような様々な経営革新から幕府勘定方により御用商人に取り立てられました。**一杯飲み屋から始まり、江戸時代中期には江戸商人十傑にも列せられるほどの大商人になったのです。**

●現在の豊島屋

　豊島屋の流れをくむ「豊島屋本店」は、現在、千代田区神田猿楽町に店を構えています。関東大震災や東京大空襲で被害にあい、創業の地を離れざるを得なかったのです。また江戸時代は居酒屋が中心で、白酒以外は自社醸造してませんでしたが、明治中期からは自社醸造の酒販売が中心になっています。

　中でも清酒「金婚」は全国新酒鑑評会にて何度も金賞を受賞するなど有名です。明治神宮や神田明神にも御神酒として奉納されています。

　2020年7月、豊島屋本店は神田錦町の神田スクエア内に酒屋兼立ち飲み居酒屋「豊島屋酒店」を開業しました。関東大震災以来、約100年ぶりの居酒屋で、創業の商いを再興したことになります。「豊島屋酒店」は、「江戸東京モダン」をコンセプトにして、かつて豊島屋で流行したつまみの豆腐田楽を現代に再現する等、江戸時代の居酒屋の現代風アレンジした店になっています。

ほぼ原価で売っても儲かる
アマゾンのサブスクリプション戦略

　豊島屋は外からは見えない仕組みで儲けることで、商品をほぼ原価で売って顧客の心をつかみました。

　それと同じような仕組みで成長を続けているのが世界的企業になったアマゾンです。

●成長を続ける巨人アマゾン

　1995年にオンライン書店からスタートし、その後、あらゆる商品を取り揃えていくことで世界最大のECサイトを作り上げたアマゾンは、現在も成長を続けています。特に2020年はコロナ渦もあり、売上高は前期比37.6％増の3860億6400万ドル（約41兆円）、純利益は同84.1％増の213億3100万ドル（約2兆3千億円）と爆発的な伸びを示しました。

　現在ではECだけではなく、動画コンテンツや音楽といったサブスクリプション型のサービスや、リアル店舗、デバイス関連の販売と、その収益源は多様になってきています。

●プレミアムな商品をノンプレミアムな価格で

　その中でも、商品をほぼ原価で売り、使ってもらうこしで利益を得ていこうとするビジネスモデルのサービスがあります。それが、「Kindle」（電子書籍端末）、「Echo」（音声認識対応スマートスピーカー）、「Fire TV Stick」（音声認識リモコン）など、

アマゾンが提供する家電（デバイス）です。

いずれも高性能にもかかわらず、価格が非常に安いことが特徴です。なぜなら、アマゾンのデバイスは「プレミアムな商品をノンプレミアムな価格で提供する」ことをモットーに、ほぼ原価で販売しているからです。

●なぜほぼ原価で売れるのか

ではアマゾンは、デバイスをほぼ原価で売りながら、どのようにして利益を出しているのでしょう？ それはアマゾンのサービスを使い続けてくれることです。どのデバイスも、アマゾンのサービスと連携しないと使えません。

たとえば電子書籍端末としてKindleを選んだ人は、少なくとも電子書籍に関してはアマゾンで買い続けることになります。またアマゾンには、Kindle Unlimitedという定額の読み放題サービスがあります。これらに参加する人が増えることで、アマゾンは安定した収入を得ることができるのです。他のデバイスも構造は同じです。低価格・高品質なデバイスを売ることは、顧客と自社との関係性を深め、長期的視点に立てばきっちり利益に繋がっているという仕組みです。

これは、ネットワーク上に多数のサービスを提供しているアマゾンだからこそ可能なビジネスモデルであり、他の家電メーカーなどには真似することができません。

偶然から日本一の大富豪へ
鴻池新右衛門・善右衛門

　豊島屋は「下り酒」を原価で売ることで大繁盛のきっかけを得ました。そんな「下り酒」を江戸に売ることからスタートし、海運業を経て、両替商として日本一の大富豪になったのが鴻池家です。そのきっかけは、ちょっとした偶然だったのです。

●使用人の腹いせから「清酒」を発見

　鴻池家初代の山中新六（のち鴻池新右衛門）は、元亀元（1570）年生まれ。武士の家系でしたが、様々な職業を経て、摂津国鴻池村（現在の兵庫県伊丹市）で酒造業を営んでいました。

　ある時、使用人の素行が悪かったので、新六は呼びつけて解雇しました。するとその使用人は腹を立て、夜中に酒樽にかまどの灰を投げ込んだのです。翌朝、職人が酒樽を見て驚きました。当時の酒は、いわゆる「にごり酒」だったのですが、そのにごりが澄み切って透明になっていたからです。飲んでみると、なんともいえない香味が生まれていました。調べてみると、その投げ込まれた灰のお蔭で発酵を抑えることができ、偶然にも美しく透明な酒が誕生していたのです。

　それを知った新六は、「これは天が与えてくださったものだ。絶対に口外するな」と言い、そのメカニズムを研究。やがて美味しく澄んだ酒をいつでも作れるようになりました。この「清く澄みわたる上等な酒」は、鴻池の「諸白」と呼ばれ、新六は「相生」の銘柄で売り出します。のちに「清酒」と呼ばれるお

酒です。するとたちまち評判になり、売れに売れました。

●江戸の市場に「下り酒」をひたすら運ぶ

それだけで満足する新六ではありません。この酒を上方だけでなく江戸で売ろうと考えます。当時、江戸幕府が開かれたばかりの頃で、江戸の人口は爆発的に増えていました。特に「下り物」の酒は重宝され、武士階級に高く売れました。「諸白」であれば、なおさらでしょう。

当初は馬の左右に2斗入り樽をのせ、新六自ら東海道を運びました。流通経費はかかりますが、江戸だときっと高く売れると踏んだのです。狙いはズバリ当たりました。「諸白」は江戸で大評判を呼び、通常よりかなりの高値でも飛ぶように売れたのです。

やがて樽の大きさを倍にして、馬を数十頭引き連れて運ぶようになりました。それでも江戸での需要に比べるとまだまだ足りません。そこで、新六は船で運ぶことを考えます。しかし当時はまだ、大坂と江戸の間で大量輸送するルートが確立されておらず、時間もかかったのです。

●海運業から両替商になり日本一の大富豪に

元和5（1619）年、新六は大坂内久宝寺町（現在の大阪市中央区内久宝寺町）に店を開きます。さらに寛永2（1625）年、新六が56歳の時、自ら廻船問屋を起こし海運業を創業することにしました。それまでは廻船問屋に頼んで輸送していたのですが、不便でなかなか思ったようになりません。それならば自分が創業したら、自前の商品だけでなく、他店からの需要もあ

るに違いないと考えたのです。その狙いは見事当たりました。「諸白」は「清酒」と呼ばれるようになり、船便で江戸に大量輸送されるようになりました。さらに様々な荷物を運ぶようになり、海運業は大繁盛。こうして新六は鴻池新右衛門として、一代で豪商の仲間入りを果たします。

その後、鴻池新右衛門の八男である初代・鴻池善右衛門は、海運業を発展させます。その縁で大名屋敷に出入りするようになり、各種の雑用をこなすようになります。そこから両替商の将来性に気づき、やがて酒造業や海運業を廃業し、両替商に専念するようになりました。

さらにその息子である二代・鴻池善右衛門の頃には、数多くの大名にお金を貸すほどの両替商になります。その後、鴻池家は長者番付の最高位とされ、大坂だけでなく日本一の大富豪と呼ばれるほどになったのです。

第 7 章

二代目西川甚五郎「西川家山形屋」

「デザイン経営」で V字回復!

目にも涼しいことが大切

二代目西川甚五郎 （にしかわ・じんごろう）

1582〜1675年◎西川甚五郎家山形屋二代目。近江国蒲生郡南津田村（現在の滋賀県東近江市）で、山形屋初代西川仁右衛門の四男として生まれる。父・仁右衛門は、能登国（現在の石川県）で蚊帳の行商をして、現地で海産物を仕入れ八幡山下町（現在の滋賀県近江八幡市）で卸し売りを行なうという典型的な近江商人であった。4人の息子をひとりずつ順番に連れていき、その中で一番商才があった甚五郎に家督を譲ったという。甚五郎は萌黄色に紅布の縁がついた近江蚊帳のデザインを考案。緑と赤のコントラストが町民たちに受けて人気商品になり、山形屋を大きく発展させた。

二代目西川甚五郎
「マーケティング戦略」の ポイント

> 機能だけでなく
> デザインを重視してヒット商品を！

1
市場調査＋ターゲティング戦略

顧客を武士から
町民に変更

2
デザイン経営

蚊帳のデザインの
大胆な変更

3
PR戦略

イケメンボイスによる
街頭販売

●「近江商人」だった初代

　山形屋西川家は、近江商人の初代西川仁右衛門によって創業されました。近江商人とは、近江国（現在の滋賀県）出身で、そこにとどまらず全国に売り歩く商人のことをいいます。仁右衛門は永禄9（1566）年から商いを始めたと伝わっています。近江と能登（現在の石川県）を往復する行商です。近江の特産品の蚊帳や畳表などを能登で売り、そのお金で塩鯖などの海産物を仕入れて近江で売りさばきます。いわゆる近江商人特有の「のこぎり商法」と呼ばれるものでした。

　仁右衛門は、創業20年以上たった天正15（1587）年、近江八幡に「山形屋」という屋号で店舗を構えました。豊臣秀次（秀吉の甥）が八幡山城を築城し、城下には楽市令が出され、誰もが自由に商売ができるようになったからです。当時、近江八幡は畳表の生産が盛んでした。やがて山形屋は多数の売り子を雇い、東海道方面に畳表を販売するようになります。それでも仁右衛門は、4人の息子たちを一人ひとり交互に連れて、能登への行商は欠かさなかったといいます。

●商才のあった四男に家督を譲る

　大坂の陣で豊臣家が滅び、徳川の世が確立した元和元（1615）年には、江戸日本橋通一丁目（現在の中央区日本橋一丁目）に進出し店を構えました（屋号「つまみだな」）。当時、江戸の町は大名や旗本などが次々に屋敷を建てる建設ラッシュでした。良質な近江産の畳表は飛ぶように売れていきました。

　寛永5（1628）年、隠居した仁右衛門は、家督を四男の甚五郎に譲り、兄弟には分店・分家を持たせます。長男ではなく四

男に継がせたのは、行商を通じて一番商才があると見抜いたからでしょう。

　実際、二代目西川甚五郎は、店を大繁盛させ、今に続く「ふとんの西川」の礎を築いたのです。

1

市場調査＋ターゲティング戦略

顧客を武士から町民に変更
──銭湯や長屋で市場調査

　甚五郎が家督を継ぐ前から、大名や旗本相手に畳表を売るという商売は、限界を迎えつつありました。江戸の建設ラッシュ

が落ち着き、品質のいい近江産の畳表はなかなかくたびれないので、張り替えの需要もあまりありません。

　また、幕府による御家取りつぶしなどが多かったことも、武家相手の商売が不安定な大きな要因でした。江戸時代は、盆暮れの掛け払いが一般的だったので、代金未収になることも多々あったからです。

●市場調査でターゲットを変更

　そこで甚五郎は、顧客を武家から町人にシフトしようと考えました。ところが店の幹部たちにその考えを話しても、みんな大反対です。町人にそんなお金があるわけがない、それより今まで続けてきた武家相手に畳表を売って堅実に商売しましょうというのです。

　しかし、甚五郎には「このままでは将来がない」という危機感が強くありました。

　以前から町人が集まる場所に積極的に出かけ、どのような需要があるかを調査していたのです。今でいう市場調査であり、マーケティングです。その場所は銭湯であり、長屋でした。

　その結果、江戸の町人たちの一番の悩みは、夏の暑さと蚊の多さだということがわかりました。江戸の下町は埋め立て地が多く、堀なども多いことから蚊が大量に発生していたのです。

　そこで甚五郎は、当時の主力商品である畳表だけでなく、もともと行商で扱っていた蚊帳を積極的に売ることを決意したのです。これは**ターゲットを武家相手から町民相手に変えること**でもありました。

2 デザイン経営

「近江蚊帳」の
デザインチェンジ
——斬新なカラーで顧客インサイトをつかむ

　しかしながら、売れると見込んだ蚊帳は、思ったよりも売れませんでした。甚五郎は「需要はあるはずなのになぜだろう」と悩みます。

　寛永3（1626）年の夏、甚五郎が蚊帳の荷を背負って近江から江戸に下る箱根越えにかかった時のことです。あまりの暑さと疲れに大樹の蔭で横になっているうちにうたた寝をしました。夢の中で、甚五郎は萌黄色（若草の緑）のつたかずらが一面に広がる野原にいました。若葉の色が目に映えてそれは涼やかな気持ちで仙境にいるようだったといいます。

　夢から覚めた甚五郎は「これだ！」と思いました。蚊帳を萌黄色に染めるというアイデアを思い付いた瞬間でした。それまでの蚊帳の色は原料そのままの茶色でした。「寝る時も、目覚めた時も涼しさを感じる

夢の中で…一面に広がる萌黄色のツタカズラ…

コレだ！

二代目 西川甚五郎

新緑の中にいると思えば、蚊帳を使う人の気持ちを和ませ、爽快な気持ちにさせることができる」と考えたのです。

　こうして、**蚊帳は萌黄色に染められ、紅色の縁取りがされて売り出されました。すると、爆発的にヒットし、「近江蚊帳」と呼ばれるようになりました。**　この近江蚊帳誕生のエピソードは、近江商人を語るいくつもの歴史書や物語によって紹介され、今も語り継がれています。

　寛永5（1628）年の夏、47歳で家督を継いだ甚五郎は、近江蚊帳のヒットによって、家業を大発展させました。機能などのスペックではなく、デザインを変えたことによって大ヒット商品を生み出したのは、「デザイン経営」の先駆けと言えるかもしれません。

3 PR戦略
ヒットの秘訣は「イケメンボイス」
──街頭販売のイメージ戦略

　甚五郎は蚊帳の売り方にも工夫を施しました。毎年、初夏の頃になると「蚊帳売り」の街頭販売を実施しました。その時、手代（店員）と一緒に、蚊帳を運びながら呼びかけるアルバイト運搬員を募集しました。

　アルバイト採用の基準になったのは「声」でした。美声の持ち主だけを選び、さらに数日間「売り言葉」を徹底的に特訓し

てから、町に出動させました。そして以下のような呼びかけを高い声で長々と唱えさせました。

「かや〜 萌黄のかや〜」

　江戸時代の書物（守貞謾稿）には、この蚊帳売りの様子を「わずかの短語を一唱する間に大略半町を緩歩す」（この呼び声を1回唱えるのにゆっくり歩いて55メートルくらい歩く）と描かれています。さらに彼らには、新品の菅笠や半纏を着用させるなど、清潔感を大切にしました。

　このように甚五郎は、大胆な色彩を使った涼しげなデザインとともに、販売においてもイメージを重視したことで、近江蚊帳を大ヒット商品にして、西川家繁栄の礎を築いたのです。

西川家 代々のイノベーター

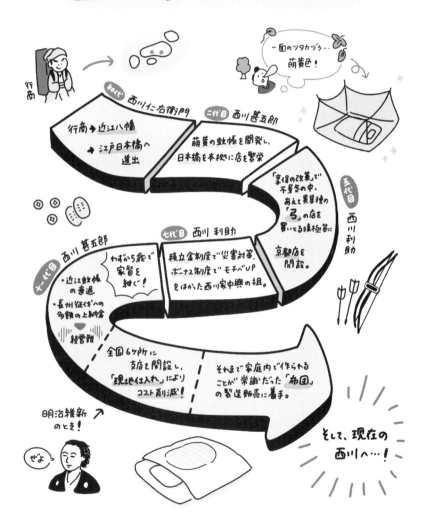

行商

一面のツタカヅら…
萌黄色！

初代 西川仁右衛門
行商 ➡ 近江八幡
➡ 江戸日本橋へ
進出

二代目 西川甚五郎
萌黄の蚊帳を開発し、
日本橋を本拠に店を繁栄

五代目 西川利助
「享保の改革」で
不景気の中、
あえて異業種の
「る」の店を
買いとる積極策に

京都店を
開設。

七代目 西川利助
積立金制度で "災害対策"、
ボーナス制度で "モチベ" UP
をはかった西川家中興の祖。

わずか5歳で
家督を継ぐ！

十一代目 西川甚五郎
・近江蚊帳
の衰退
・長州征伐への
多額の上納金

経営難

全国6ケ所に
支店を開設し、
「現地仕入れ」により
コスト削減！

それまで家庭内で作られる
ことが常識だった「布団」
の製造販売に着手。

明治維新
のとき！

ぜよ

そして、現在の
西川へ…！

江戸式を受け継ぐ現代のマーケティング戦略
常識を覆すデザインで大ヒット
株式会社西川

　初代西川仁右衛門の創業から450年以上、その流れを汲む株式会社西川もまた、デザイン経営で、寝具の世界でイノベーションを起こしています。

　2019年2月、「西川産業（東京西川）」「京都西川」「西川リビング（大阪西川）」の3社が経営統合して誕生したのが、西川株式会社です。それまでは同じルーツを持ちながら、それぞれ独立して事業を行なってきたので、消費者からみてもわかりにくい状況が続いていたのです。1941年の分社化以来、約80年ぶりの再統合です。西川株式会社の代表取締役社長には、3社統合の推進役だった西川家十五代目当主・西川八一行が就任しました。

●婚礼布団の売り上げが急下降

　八一行は1967年生まれ。もともとは大手銀行に勤めていましたが、十四代目西川甚五郎の姪と結婚したことから婿養子として西川家に入ります。1995年、西川産業に入社し、翌年には取締役に抜擢されました。

　八一行が入社した当時はまだ、婚礼布団の売り上げが大きな時代でした。しかし、一生ものという名目で婚礼セットなどの高額品を勧めるという販売スタイルには疑問を感じました。また当時は「西川ブランド」での販売は少なく、大半がデパート

で、バーバリーやセリーヌなどライセンス権を取った海外ブランド名で販売されていたことにも違和感を覚えました。

　当時の西川産業は、製品のクオリティを追求する姿勢やものづくりへの情熱は素晴らしかったにもかかわらず、消費者に商品を届ける方法についてはまったく無関心だったのです。

　ちょうど時代の流れが大きく変わる時期だったこともあり、婚礼布団の売り上げは急下降していきます。デパートでのライセンスビジネスも行き詰まりつつありました。布団は日用品として低価格なものを選ぶ傾向が強まってきたのです。

　しかし古参社員たちの危機感は薄く、新しい販売方法にチャレンジしようとしません。八一行がいくら危機感や変革の必要性を訴えても、聞く耳を持ってもらえません。業績はどんどん悪くなっていきました。

●デザイン経営、ふたたび

　2006年、十四代目からの指名で38歳の若さで西川産業の社長に就任した八一行は、何としても自社ブランド商品を開発しようと考えました。そのためには、今までの布団の購買層とはまったく違う顧客を創造しなければと考えました。

　そこで開発に着手したのが、それまでも好評を得ていた「整圧敷きふとん」をさらに進化させ、睡眠にこだわる人たちに向けて作る高機能のマットレスです。

　まずはアスリートに訴求しようとしました。彼らにとって、睡眠中に体の疲れを取ることは非常に重要だと考えたのです。そんなある日、自らも趣味がジョギングの八一行は、ある時、前を走るランナーのジョギングシューズのカラフルな靴底に目

を留めました。「寝具にこのようなカラフルな色をつけたら、アスリートに支持されるのではないか?」と考えたのです。

しかし社内で提案すると、反対の嵐に遭いました。「寝具をカラフルにするなんて常識的にあり得ない」「色を変えると余計なお金がかかる」「自社製品と競合してしまう」などです。

その時、八一行は二代目甚五郎のエピソードを語って社内を説得しました。二代目は、それまで常識だと思われていたくすんだ色の蚊帳を鮮やかな萌黄色で染め、紅色の縁取りという大胆なデザインを施した。当時も既に高い技術は持っていた。そこに斬新なデザインという付加価値をつけるというイノベーションによって大ヒット商品になった。その手法を現在に蘇らせよう、と。

●「AiR」が大ヒット

こうして1年をかけ社員を説得し、2009年、新商品は「ＡｉＲ(エアー)」という名前で発売されました。機能はもちろん、コントラストの強い鮮やかな赤と黒というデザインが寝具としては斬新でした。

また販売についても、二代目がイケメンボイスで蚊帳売りをしたように、今までない手法を考えました。「ＡｉＲ」の知名度を広めるために目をつけたのがアスリートでした。質のいい練習をするためには、質のいい睡眠が不可欠だからです。まず女子レスリングチームと契約し、個人個人に合わせた枕やマットレスを制作、その眠りをサポートするようにしました。その噂を聞きつけて、サッカー界のレジェンド三浦知良がやってきてすぐに契約に至りました。また、そこからの口コミでサッ

カーブラジル代表のネイマールも使用してくれることになりました。その後、メジャーリーガーの田中将大や大谷翔平、プロゴルファーの松山英樹など、数多くのアスリートの愛用者が生まれたのです。

「高性能の商品」「斬新なデザイン」に加え、「アスリートの眠りをサポートすることで信頼を勝ち取る」という斬新なマーケティング手法により、これまであまり寝具に興味のなかった若年層や男性の心をつかむことに成功しました。

こうして、「ＡｉＲ」は西川を代表する大ヒット商品になりました。また、2011年のグッドデザイン賞を皮切りに、アメリカやドイツなどでも数々のデザイン賞を受賞します。400年近くの時を経て、西川は再びデザインの力によって蘇ったのです。

近江商人「三方よし」

●全国各地に行商・出店

西川家のように近江国（現在の滋賀県）出身で、他の地域に行商に行ったり、出店したりする商人を近江商人と呼びました。行商は、頭に菅笠、肩には前後に振り分けた荷を下げた天秤棒を担ぐのがお決まりのスタイルです。

江戸、大坂、京をはじめとする全国各地に進出し、行商から豪商と呼ばれるまでに発展した商家も少なくありません。特に、近江八幡・日野・五箇荘などの地域から多く生まれました。近江に留まって商売をする場合は「地商い」と言い近江商人とは呼びません。

近江は京にも近く交通の要所であり、戦国時代から商業が盛んでした。さらに江戸時代に入って、近江は彦根藩を除くと小規模の藩ばかりになりました。すると、藩の中だけで経済を回すことができません。そこで藩主は、麻布、蚊帳、畳表などの地場産業を奨励します。そのうち余剰分が出ると、農民は行商をして、国内外へ販路を広げました。それが近江商人の始まりです。西川以外にも、伊藤忠商事、高島屋、丸紅、ワコール、小泉産業などの創業者は、近江商人の流れを汲むと言われています。

一口に近江商人と言っても、出身地ごとに以下のように分かれます。

八幡商人 （現在の近江八幡市が拠点）

　豊臣秀次（秀吉のおい）によって八幡山城の城下町が建設された際、旧安土城下や近くの商人たちが集まったのが始まりです。畳表・蚊帳などの地場産業を育て商材としました。近江商人の中でも最も早くから活躍。中には朱印船貿易商として海外（タイやベトナム）などと交易した者もいました。徳川幕府が開かれる前後から江戸に進出。日本橋には八幡商人の店が立ち並びます。全国の主要都市に大型店を構えたことから「八幡の大店」と呼ばれました。

日野商人 （現在の日野市が拠点）

　日野はもともと蒲生氏の城下町として楽市令が布かれたことから商工業が栄えていました。その後、蒲生氏の移封と断絶によって衰退したため、特産品の日野椀や売薬の行商に活路を見出したのが始まりです。なかでも正野玄三の売り出した「万病感応丸」は、携帯商品として大ヒットとなります。「日野の千両店」と呼ばれ、出先の商人との共同出資（乗合商内）のかたちをとった小型店を地方都市(特に北関東)に多数出店しました。

湖東商人 （現在の東近江市・愛荘町・豊郷町などが拠点）

　五箇荘、愛知川、能登川、高宮などの愛知川流域を中心とする地域から出ました。

　江戸後期になって登場し活躍。彦根藩の経済政策によって、農民が農閑期に行商に回ったのが始まりです。「のこぎり商い」と呼ばれる、都市部で仕入れた商品を地方に売り、その地方の

特産品を都市部で売る商法が得意。近江商人としては後発であった湖東商人は、商家の多くが近代企業に転身して今も老舗企業群として存続していることが特徴です。

　近江商人には「三方よし」「利真於勤」「陰徳善事」など、モットーとされた言葉がありました。

●三方よし

　近江商人の精神を凝縮した言葉として知られているのが「三方よし」です。すなわち、

「売り手よし、買い手よし、世間よし」

　のことです。「商売において売り手と買い手が満足するのは当然のこと、世間（地域・社会）に何かしらの貢献ができてこそいい商売といえる」という考え方が、今の時代にマッチすることから注目を集めているフレーズです。

　ただしよく見てみると、最初に来るのは「売り手よし」です。つまり、まず売り手が儲けないと、商売は継続していかないことを表しているともいえます。もちろんお客さんに満足してもらえなかったら商売が続かない。それで「買い手よし」が必要です。さらに、世間の評判が悪いとそもそも商売ができない。特に近江商人は、他国に行くので余計に「世間よし」が重要だったと考えられます。売り先の地方で商品を仕入れて、現地にお金を落とす「のこぎり商い」もその一環でしょう。

2020年4月、大手商社伊藤忠商事が28年ぶりに改定した経営理念が、「三方よし」だったということで話題になりました。伊藤忠商事のサイトによると、「三方よし」というフレーズは、実際の近江商人たちが使っていたわけではなく、後世に作られた造語ということです（※）。しかし、その由来は、近江商人であった伊藤忠商事の創業者、初代伊藤忠兵衛が残した「商売は菩薩の業、商売道の尊さは、売り買い何れをも益し、世の不足をうずめ、御仏の心にかなうもの」という言葉にあると考えられるとのことです。

利真於勤

「利はつとむるにおいて真なり」と読みます。「利益はその任務に懸命に努力したことに対する、おこぼれに過ぎない」という考え方で、営利至上主義に陥ることを戒めたものだと考えられています。

陰徳善事

　人に知られないように善行を施すことです。そうすると、やがて（子孫の代であっても）世間に認められるという考え方。特に隠居して故郷に戻ってきた近江商人は、学校教育、神社仏閣造営、治山治水、貧しい人々の救済などに盛んに寄付しました。

※なお、インターネット上では「近江商人の商売十訓」なるものが広く出回っています。しかしこれは、正統性のある出典はなく、パナソニック創業者松下幸之助の「商売戦術三十カ条」から誰かが抜粋し、リライトしたものであると考えられています。

近江商人の分類

湖東商人
（五箇荘商人）

活動時期　江戸時代後期

取扱品　麻布、呉服、小間物等

活躍場所　信州、東国、
蝦夷地、京、大坂

特徴　農閑期に
「のこぎり商い」

日野商人

【活動時期】江戸時代中期

【取扱品】日野碗、売薬、
醸造等

【活躍場所】北関東、
東北、九州

【特徴】地方都市に
小型店を多数

八幡商人

【活動時期】江戸時代初期

【取扱品】蚊帳、畳表、麻巾等

【活躍場所】江戸、京、
大坂、蝦夷地

【特徴】都市部に大型店

第 8 章

山本山 五代目山本嘉兵衛

お茶の「産地ブランディング」

間違っても
お客さまに
失礼のないように

五代目山本嘉兵衛（やまもと・かへい）

元禄3（1690）年創業の山本山（鍵屋）五代目当主。永谷宗円が発明した煎茶を広めて大ヒット商品にした四代目に続いて、さらに家業を発展させる。中でもそれまであまり知られていなかった「狭山茶」を世に知らしめた功績は大きい。「古今稀な知恵の持ち主」と言われ、茶問屋の組合で要職を勤めた。また文化13（1816）年頃、山本家の家訓にあたる「山本家定目」を制定し、商売の考え方を語っことでも知られる。

四代五代六代の山本嘉兵衛「マーケティング戦略」のポイント

産地と結びついた
新商品の開発で大人気店に!

1
ネーミング戦略

煎茶を「天下一」の名前で売りだす

2
産地ブランディング

マイナーだった狭山茶を大ヒット商品に

3
ネーミング戦略+お墨付き戦略

玉露の商品開発とブランディング

●初代嘉兵衛、日本橋に「鍵屋」を創業

　元禄3（1690）年、山城国宇治山本村（現京都府宇治市）から江戸に出てきた初代山本嘉兵衛は、日本橋二丁目（現日本橋髙島屋三井ビルディング付近）でお茶・茶道具・和紙等を商う「鍵屋」を開業しました。この年が「上から読んでも山本山。下から読んでも山本山」というＣＭで知られる「山本山」の創業年となっています。現在は海苔のイメージも強いのですが、本来はお茶の専門店です。

　地道に商売を続けていた「鍵屋」の繁盛が決定的になったのは元文3（1738）年のこと。当主四代目嘉兵衛のもとに、永谷宗円がお茶を売り込みに来たことがきっかけでした。そのお茶はこれまでとはまったく違う緑色をしていました。

●永谷宗円、58歳で「緑茶」を発明

　煎茶の祖と呼ばれる宗円は、山城国宇治田原町湯屋谷（現京都府宇治田原町）でお茶の製造・振興に関わっていた人物です。宇治は、日本一の茶どころでしたが、茶の湯で使われる抹茶の原料になる高級茶の栽培方法は、特定の御茶師にしか許されていませんでした。

　宗円は法に触れずに露天栽培でも優れたお茶を製造できないかと、15年間試行錯誤を繰り返しました。当時、庶民が飲んでいたお茶は、簡単な製法で加工した茶葉を煎じたもので、文字通り茶色い液体でした。宗円は、新芽の茶葉を蒸した後、手揉みしながら乾燥させる工程を取り入れる「青製煎茶製法（宇治製法）」により、鮮やかな緑色のお茶を製造することに成功しました。色・香・味ともに優れた日本固有の「煎茶」が登場

『緑茶』を発明した永谷宗円

● 15年間の試行錯誤して、『青製煎茶製法』を発明し、緑茶の製造に成功

● 保守的な京都ではこのお茶は絶対受け入れられないと考え、江戸の「鍵屋」に売り込む

煎茶の祖

永谷宗円

道中、『この茶を天下に広めさせたまえ…』

@富士山

した瞬間で、現在の日本緑茶の元になる製法です。完成した時、宗円は58歳になっていました。

　宗円はこの新しい「青製煎茶」を江戸の茶商に売り込みに行こうと考えます。なぜなら、保守的な京では絶対に受け入れられないと考えたからです。江戸へ向かう途中富士山に登り、山頂の浅間神社にそのお茶を奉納し「この茶を天下に広めさせたまえ」と祈ったといいます。

●四代目嘉兵衛、買い取りを即決

　江戸に到着した宗円は、いろいろな茶商を訪ね「青製煎茶」を売り込みました。しかし、望む結果は得られませんでした。今までの茶色の煎じ茶とはあまりに違う商品だったので、どこの茶商も買い入れようとはしなかったのです。

落胆した宗円が最後に訪れたのが、日本橋にあった「鍵屋」でした。当主四代目山本嘉兵衛は、「青製煎茶」を飲むと、その色と品質のよさ、味の豊かさに感服し、すぐに小判3両（約30万円）で買い取ることを決めました。さらに翌年以降の購入も約束したといいます。

　そしてこの**「青製煎茶」を「天下一」と名付けて販売すると、江戸町民の間で評判を呼び爆発的なヒット商品になりました。**「鍵屋」の店名も江戸中に知られるようになったのです。

● **古今稀な知恵の持ち主・五代目山本嘉兵衛**

　こうして四代目で大きく飛躍を遂げた「鍵屋」は、続く五代目六代目でも日本茶の歴史にイノベーションを起こします。

　五代目山本嘉兵衛は、宇治の茶産地仲間を代表する湯屋谷の山徳組から「山本の主人は古今稀な知恵の持ち主」と絶賛されるほどの人物でした。

　お茶にかける情熱と強い使命感を持ち、家業を繁盛させるだけでなく、茶業全般の振興にも力を尽くし、江州城州茶問屋筆頭格などの組合の要職を勤めました。宇治をはじめ、全国の産地に自社茶園を購入し、後述するように、埋もれていた「狭山茶」にスポットを当て、ブランド化に力を尽くしました。

　文化13（1816）年頃、五代目嘉兵衛は山本家の家訓にあたる「山本家定目」を制定します。商売の考え方を34項目に分けて語ったものです。その中には、以下のような内容のことが記されています。

　「昔から、お茶や茶道具の商いをしてきたが、日増しに繁盛す

ることができた。これはみなお客様のお蔭であり、ありがたいことだ。品物をよく吟味し、値段なども間違いのないよう差し上げ、お客様が来店されたら、たとえどなた様の用事をしていても、すぐにご挨拶するように。もし、どうしても手が離せない時には、他の人に伝えて、**間違ってもお客様に失礼のないように**」

　このような心構えで商売にいそしんだ五代目嘉兵衛は、幕府の御用商人にもなり、ますます信用と名声を得るようになったのです。

●六代目嘉兵衛、高級ブランド茶「玉露」を発明

　四代五代と新しい商品を大ヒットさせた鍵屋は、六代目でも**日本茶史上に残る新商品を開発しました。それが高級ブランド茶の代名詞「玉露」の発明です。**

　天保6（1835）年、当時18歳だった六代目嘉兵衛は、宇治小倉郷の木下吉佐衛門宅を訪ね、茶の製造場を視察しました。茶の湯の抹茶に使われる碾茶を使って新しい高級茶を生み出せないかと考えたのです。碾茶は摘み取り前の2〜3週間、日光を遮断することで旨み・甘み成分が増加するのが特徴です。六代目が自分で蒸した碾茶をかき混ぜてみたところ、乾燥するにつれ葉が手につき、小さな団子形のお茶が偶然できあがりました。これを試しに飲んでみると、驚くほど品のある風味と鮮やかな色合いの絶品のお茶ができあがりました。

　六代目嘉兵衛は、職人たちとこのお茶を再現して製造しました。これが今もその名前が伝わる高級ブランド茶「玉露」です。

玉露

6代目嘉兵衛、宇治の木下吉左衛門を訪ね、新しい絶品の高級茶の製造に成功!

江戸に持ち帰り、『玉露』と命名し、大名や茶人に贈った

山本山

自家茶園で栽培した煎茶の『山本山』が大人気!

あまりの人気ぶりのため、その商品名が店名に、そして現在の社名に!

　また、自家茶園で栽培した煎茶「山本山」も大人気で、その繁盛ぶりは天保7（1836）年に発行された『江戸名物狂詩選』という本に、以下のように描かれています。

　「お客さんが立ち並びまるで何かの市のよう、番頭手代などの店員は少しの暇もないくらい忙しい。一時（約2時間）に三千斤（約1800kg）のお茶を売り出し、そのほとんどが自家茶園製の山本山である）」

　このように、**「山本山」は本来商品名でしたが、あまりの人気ぶりにそれが店名になり、現在の社名になっています。**歴代

の当主に恵まれた山本山は、江戸時代を通じて大きく発展した
のです。

1 ネーミング戦略

天下一ブランディング
——「宇治茶」はこうして名物になった

　山本山、最初のイノベーションポイントは、永谷宗円が売り
込みに来た「青製煎茶」の価値を四代目嘉兵衛が見抜いて購入
を即断し、それを「天下一」の名前で売り出したことです。

　多くの茶商がその斬新さゆえに理解できなかった商品の価値
を即座に見抜き、来年度の買い取りまで約束したのですから、
相当に自信があったのでしょう。

　実際、初めて「青製煎茶」を飲んだ江戸町民たちは、これま
でにない豊かな味わいと鮮やかな緑の色に驚嘆したといいま
す。「天下一」は大ヒット商品になり、「鍵屋」の名前は江戸中
に知れ渡るようになりました。「宇治茶」のブランド価値はぐっ
と上がったのです。

　山本家は永谷家にお礼として毎年小判25両（約250万円）
を明治8年まで贈り続けたといいます。それほど大きな価値を
生み出した商品だったということでしょう。ちなみに、永谷宗
円は、お茶漬け海苔などで知られる「永谷園」（1953年創業）
の創業者・永谷嘉男の祖先にあたります。

産地ブランディング

狭山茶のブランド化
——五代目が行なった地域ブランディング

　五代目嘉兵衛は、狭山茶をブランド化したことでも知られています。現在の埼玉県西部（入間市、所沢市、狭山市）の名産品である狭山茶は、古くから栽培が盛んでしたが、戦国時代以降は衰退していました。そんな中、地元の茶農家の支援をしていた村野盛政弥七は、永谷宗円の製法を参考に作った煎茶を、五代目嘉兵衛に贈りました。すると以下のような返事が来たといいます。

　「こんなにおいしいお茶が狭山で採れるとは思わなかった。みんな励んでこれを作りなさい。宇治のお茶に劣るものではない。私もこの狭山茶を広く多くの人に紹介しよう」

　実際に、五代目嘉兵衛は狭山から取り寄せたお茶を「霜の花」「雪の梅」と名づけ販売しました。すると商品は大ヒット。「狭山茶」としてブランド化することに成功しました。それまでマイナーだった「狭山茶」は、やがて「宇治茶」「静岡茶」と並んで「日本三大茶」と称される存在になります。

3

ネーミング戦略＋お墨付き戦略

「玉露」のネーミングの秘密

六代目嘉兵衛は、宇治小倉郷で偶然に「玉露」の製法を発見しました。発見したことはもちろん、栽培に手間のかかる「玉露」をきちんと最上級のお茶としてブランド化した手腕も素晴らしいと言えます。ブランド化に成功したのは、主に以下の2つの要素があったからです。

① ネーミング

「玉露」というネーミングの由来には諸説あります。六代目嘉兵衛が製茶中に偶然手についたお茶が小さな団子形（玉）だったから。碾茶の新芽から甘露の味がすると評されたから。玉露独特の旨みが玉の露のようだったから等。

おそらく、六代目嘉兵衛は、すべての要素を合わせてネーミングしたのではないかと思われます。このお茶の味の特徴を非常によく表現した名前になっているからです。それから190年近くたった現在でも、玉露が高級茶のブランドであり続けているのは、このネーミングの効果が大きいと言えるでしょう。

②お墨付き効果

六代目嘉兵衛は江戸に玉露を持ち帰ると、まず影響力のある大名や有名な茶人などに献上しました。その味は大絶賛を受けます。このような有名人のお墨付き効果も玉露のブランド化に

大きな役割を果たしました。

　ちなみに現在の玉露は、玉の形ではなく棒状になっています。これは明治初期に製茶業者の辻利右衛門（辻利）によって完成されたものです。

●現在の山本山

　江戸時代に数々のイノベーションを起こした山本山は、現在も家業を発展させています。1947年からは海苔の販売も始めました。9代目が、料亭で有明海産の高級海苔を食べて感動したことがきっかけです。お茶と海苔の旬が違うことも後押しになりました。

　1963年頃からテレビCMで流れるようになった「上から読んでも山本山。下から読んでも山本山」の名コピーも9代目が考案しました。

　1970年代にはブラジル・サンパウロ、アメリカ・ロサンゼルスに現地法人を設立し、現地での日本茶の普及に勤めました。現在は全売上の6割が海外だといいます。

　2008年から代表取締役社長を勤めているのが10代目にあたる山本嘉一郎氏です。2017年から商品のリブランディングに着手し、ロゴや全商品のパッケージのデザインを刷新しました。2018年には、創業の地に建った日本橋高島屋三井ビルディング内に本社を置き、1階にお茶本来の豊かな味わいを五感で感じることができる「ふじヱ茶房」をオープンさせました。

　伝統だけにこだわらず、常に革新を追い求める姿は、代々の山本嘉兵衛と重なります。

＼産地ブランディングの 先駆け／
山本山 代々の 山本嘉兵衛

初代

1690
お茶や和紙を扱う
「鍵屋」を開業
in 日本橋

繁盛ぶりが
「江戸名物狂詩選」
という本に書かれるほど！

四代目

「青製煎茶」を
『天下一』として
売り出し大ヒット‼

1816年頃には
家訓「山本家定目」制定。
一橋卿・
幕府本丸御用茶師に。

贈られて感動
した狭山茶を
『霜の花』
『雪の梅』
として売り出し
世に知られる

六代目

宇治で『玉露』の
製法を発見。江戸に
持ち帰ると、大名や
茶人が大絶賛！

特に人気だった
自家茶園製の
『山本山』

この商品名が
のちに
社名となる

五代目

大正・昭和と
店が全焼するも
和紙の製法を活かした
海苔の販売を開始

『上から読んでも山本山。
下から読んでも山本山』
というCMで広く知られるように

現在は日本橋に本社や「ふじエ茶房」を持つ。
また、売上の6割が海外など、
世界的に知られる店となっている。

今治タオルの産地ブランディング

　狭山茶のように、産地の名前を冠することでブランディングに成功した最近の事例をご紹介しましょう。それで「今治タオル」です。

●産地消滅の危機に瀕していた今治

　今でこそ、高級タオルとして多くの人に認知されている今治タオルですが、十数年前までは、産地消滅の危機に瀕していました。明治時代にタオル製造を始めた愛媛県今治市は、大阪府の泉州地域と並ぶ名高い産地であり、昭和の終わり頃までは国内のタオルマーケットで大きなシェアを持っていました。ところが、中国や東南アジアなどから安いタオルが大量に輸入されるようになり、価格競争で厳しい状況に追い込まれます。500社近くのタオルメーカーが倒産し、残るのは100社あまり。このままいけば産地消滅も現実的というほどの危機的状況に陥っていたのです。

●ロゴから始まった再生

　そんな中、今治商工会議所、四国タオル工業組合、今治市が連携し、国の事業である「JAPANブランド育成支援事業」の認定を受け、ブランディングプロジェクトに乗り出しました。アートディレクターの佐藤可士和にクリエイティブディレク

ションを依頼したのです。

　佐藤は、サンプルでもらったタオルを見て、どこにも「今治」と書かれていないことに気づきました。そこでまず誰が見てもわかるようなロゴを作ることを提案します。ロゴのタグをつけることができるのは、産地が今治というだけでなく、組合が独自に設定した品質基準をクリアしたものだけに限ることにしました。

　ロゴマークは、白を背景に赤と青のモチーフというシンプルなデザイン。青はタオル作りに欠かせない豊かな水を、赤は太陽をモチーフに産地の復活を象徴しています。

●常識をくつがえす「白いタオル」

　さらに、「今治タオルの最初の商品」として佐藤が提案したのが「今治生まれの白いタオル」でした。それまで今治産のタオルは、高度な技術を駆使した複雑な織り柄が特徴だったのでした。それをあえて、品質の高さがわかりやすい飾り気のない白いタオルを指定したのです。

　さらに「タオルソムリエ資格試験制度」「タオルマイスター認定制度」を作りました。タオルを販売する人間も、生産する人間も、タオルに対する知識や技術を向上させたのです。するとお客さんがタオルを見る目が変わっていきました。

　このような施策の結果、ブランディングプロジェクトが始まって4年目にタオル生産量は回復し、売り上げも増大し始めました。産地消滅の危機にあった今治タオルは再生を果たし、今や日本のタオルの代名詞になっています。

山本海苔店 二代目山本德治郎
「味付け海苔」を発明

　東京には、海苔御三家と呼ばれている会社があります。この項で紹介した「山本山」の他に、「山本海苔店」と「山形屋海苔店」がそうです。いずれも創業が江戸時代で日本橋発祥の老舗であり、頭に漢字の「山」がつくことでも共通しています。特に「山本山」と「山本海苔店」は同じ「山本」なので混同されがちですが、暖簾分け等の関係はなくまったく違う店です。（「山本山」は前述したようにもともとお茶の専門店で、海苔を売り出したのは第二次世界大戦後です）。

　「山本海苔店」の二代目山本德治郎は、海苔の世界で大きなイノベーションを起こしました。それが「味付け海苔」の発明です。

●顧客ニーズに合わせて海苔を販売

　嘉永2（1849）年、創業者初代山本德治郎が、日本橋室町一丁目（現在も山本海苔店の本店がある場所）に「山本海苔店」を開業します。

　安政5（1858）年、二代目山本德治郎が襲名。顧客ニーズに応じ海苔を以下の8種類に分類して販売します。

①食（自家用）

②棚（進物用）

③焼（焼海苔の原料用）

④味（味附海苔の原料用）

⑤寿司（寿司屋の業務用）

⑥蕎麦（蕎麦屋の業務用）

⑦裏（卸用）

⑧大和（佃煮用）

　ターゲットごとに商品を分類するというマーケティング手法は、当時としては画期的な販売手法でした。顧客の支持を得て「海苔は山本」と言われるようになります。

● 「味付け海苔」はこうして生まれた

　明治2（1869）年、二代目徳治郎は「味付け海苔」を考案します。きっかけは、剣術を習っていた二代目が、北辰一刀流・千葉周作の道場「玄武館」に通っていたとき、同門だった山岡鉄舟（幕臣でのちに明治天皇の教育係）から、明治天皇が京都に還幸する際に皇太后にお持ちするための東京土産を相談されたこと。

　単なる焼き海苔でなく、工夫を凝らしたものを献納したいと試行錯誤。その結果、醤油やみりんで味を付けた「味付け海苔」を考案することになります。

　これが好評だったため、山本海苔店は1954年まで続く宮内庁御用達となりました。後に一般に向けて「味付け海苔」を販売すると大人気となり、全国に広がったのです。

第 9 章

にんべん 六代目高津伊兵衛

「前払いビジネス」 の先駆け

六代目髙津伊兵衛 （たかつ・いへえ）

1783〜1837年◎本名佐兵衛。1699年創業のにんべん（伊勢屋伊兵衛）の六代目当主。もともと店の奉公人で、その働きぶりから伊勢髙津家の娘婿になっていた。文化11(1814)年、五代目髙津伊兵衛 が36歳の若さで他界。その息子がまだ幼かったため、髙津家と番頭たちが相談し、佐兵衛に六代目を継がせることになり江戸に呼び戻された。天保年間にイの切手と呼ばれる商品券を開発。書画コレクターとしても知られた。

代々の髙津伊兵衛
「マーケティング戦略」のポイント

> 独創的なアイデアで
> 経営を安定させる

1
価格戦略

「現金掛け値なし」
業界初の導入

2
顧客多様化戦略

大名家用の高級品から
庶民用の廉価品まで

3
前払いビジネス

「イの切手」という
商品券を開発

●露店から鰹節問屋を開業

　延宝7（1679）年、「にんべん」の創業者初代髙津伊兵衛（幼名伊之助）は、伊勢国四日市（現在の三重県四日市市）に生まれました。父親の髙津与次兵衛は雑穀・油・干鰯などを製造販売する店を営んでいました。次男だった伊兵衛は、元禄4（1691）年に13歳で江戸に出て、日本橋小舟町にあった雑穀商「油屋太郎吉」で年季奉公を開始します。

　その店で商売の基本を教えられた伊兵衛は、めきめきと商才を発揮するようになりました。18歳になる頃には店主に認められ、名代として京・大坂など上方に出張するまでになります。しかし、若くして出世したことで、同僚からの激しい嫌がらせを受けるようになりました。また主人に対しても、その贅沢ぶりを諫めたことから疎まれるようになり、結局20歳の時、店を辞めることになってしまったのです。

　貯金がなかった伊兵衛は、元禄12（1699）年、日本橋四日市の土手蔵（現日本橋一丁目野村證券本社付近）に戸板を並べただけの露店を出しました。扱う品は鰹節や干魚など。にんべんは、この年を創業年としています。当時、日本橋四日市は魚河岸に近く、いまで言う場外市場のような場所でした。露店から商売を始めた伊兵衛でしたが、食費を切り詰めて朝から夜まで商売に励み、5年で200両（約2000万円）の大金を貯めました。

　宝永元（1704）年、伊兵衛はその資金で、大店の問屋が並ぶ日本橋小舟町に鰹節問屋を開業します。翌宝永二（1705）年には、店の屋号を「伊勢屋伊兵衛」としました。「伊勢屋」「伊兵衛」のどちらにも人偏の「伊」がつくことから、現在にも続く「カネにんべん」の商標が作られました。

人偏の「イ」に曲尺を表す記号を加え、「商売を堅実にはかる」といった意味を込めたものと言われています。本来の屋号は「伊勢屋」でしたが、この商標もあって、いつしか「にんべん」と呼ばれるようになったといいます。

●業界初！「現金掛け値なし」で成功

　この頃、江戸ではちょうど鰹節がダシを引くための調味料として普及し始めていました。粗悪品を売る店が多かった中、質のいい鰹節を売る伊勢屋は徐々に信用を得ていきます。

　そこで伊兵衛は、大胆な決断をします。「現金掛け値なし」を導入することにしたのです。一章で紹介した三井越後屋が呉服で生み出した商法です。そこから30年たっていましたが、この頃、他業種ではまだまだ一般的にはなっていなかったのです。

　実際に、「現金掛け値なし」を店頭に掲げると、町人たちに圧倒的な支持を受けました。店は大繁盛するようになったのです。しかしその結果、にんべんは同業者である問屋や仲買人から嫌がらせを受けるようになります。「現金商売」をやめない限り、商品を供給しないというのです。

　伊兵衛は、事前にこのような動きを察知して、先手を打っていました。享保元（1716）年に、故郷の伊勢を経て大坂へ上り、上方から上等な「下り物の鰹節」の仕入れルートを確立していたのです。これにより、同業者からの脅しに屈することはなくなりました。奉公人時代の出張の経験が役に立ったのです。

　享保5（1720）年、にんべんは瀬戸物町（現在の商業施設コレド室町2がある場所）に店を移転。この店はわずか1年で火

初代 高津伊兵衛、一代で大店へ！
良質な商品と「現金掛け値なし」

租悪品売る店多い中、質のいい鰹節を売る伊勢屋は信用アップ

呉服の三井越後屋が生み出した「現金掛け値なし」導入する決断

町人たちから圧倒的な支持！ BUT 同業者から嫌がらせ…

それを想定し、事前に仕入れルートを確保していた!!

事に遭い焼失しますが、翌年には同じ場所に土蔵造りの頑丈な店を再建します。

●一代でにんべんを大店にした初代伊兵衛

　新店舗は、以後、大正時代の関東大震災で焼失するまでの約200年間、度重なる周囲の火事にも類焼を免れました。それによって「にんべんの門松は火災除けになる」という俗信が生まれたほどです（そのため毎年、正月を迎える前に松の葉をむしり取られることも多かったとか）。

　伊兵衛は、加賀藩をはじめとする江戸大名屋敷にも御用商人として出入りするようになりました。享保7（1722）年には、松平筑前守（福岡藩黒田家）の嫡男や息女の婚儀に際し、鰹節のほかに青果物、菓子類、乾物類まで一括納入の大役を仰せつかったという記録が残っています。

　無一文からスタートした初代伊兵衛は、一代でにんべんを大店へと成長させ、享保14（1729）年に51歳で他界しました。

●徹底した倹約で窮地を乗り切る 三代目髙津伊兵衛

享保9（1724）年、初代伊兵衛が病床に伏せったことで、長男の二代目髙津伊兵衛は13歳で家督を継ぎました。二代目が18歳の時、初代が亡くなりますが、初代が指名した後見人に裏切られるなどして、大口取引先を失っていきます。また享保の改革により、武家も町人も倹約に努めたことから景気が低迷し、にんべんの商売も傾いています。

二代目伊兵衛は体調を崩しがちになり、寛延2（1749）年、38歳の若さで亡くなります。跡を継いだのは二代目の弟（初代の次男）である三代目髙津伊兵衛です。二代目が継いだ時、8000両（約8億円）あったにんべんの資産は、三代目が継いだ時には1600両（約1.6億円）にまで目減りしていました。

そこで三代目が襲名前から手をつけていたのは、徹底的な倹約でした。経費を27項目に分け、商売はもちろん自分たちの生活全般にわたって細かく出費を切り詰め倹約しました。また初代伊兵衛を見習い、早朝から夜遅くまで休む間もなく働き、「現金掛け値なし」の商法も徹底しました。

仕入れの改善にも着手し、「本座節」と呼ばれる立派な本節だけでなく、「小箱節」と呼ばれる廉価な鰹節も仕入れるようになります。大名や贈答用は「本座節」、町民用は「小箱節」と用途を明確に分けて仕入れを行なうようにした結果、良質な「小箱節」を安く販売できるようになり、売り上げが回復していきました。

三代目を襲名する頃には、評価は上むきはじめます。その後、将軍家や多くの大名の江戸屋敷の御用も受けるようになり、に

んべんは三代目の手腕により見事復活、初代の頃よりも大店になったのです。

　三代目は初代以来の事業歴を記した『追遠訓』を執筆し、子孫への戒めを綴った『遺嘱』を残すなど、安永8（1779）年に66歳で亡くなるまで、にんべんの発展に大きな役割を果たしました。

●イノベーションを起こした六代目

　その後、四代目は三代目の長女の婿が、さらに四代目の次男が五代目を受け継ぎました。しかし五代目は、襲名からわずか4カ月後に9歳の長男を残して他界。そこで、髙津家と店の番頭たちが相談し、六代目を創業以来初めて外部から迎え入れることを決断。元にんべんの奉行人で、伊勢髙津家の娘婿になっていた佐兵衛を抜擢したのです。

　こうして誕生した六代目髙津伊兵衛は、独創的なアイデアと優れた経営手腕で、にんべんをさらに発展させました。中でも、天保年間（1830〜44）に「イの切手」を発行し、商品券として普及させたことで有名です。当初は銀製でしたが、のちに紙製になります。これにより、にんべんの経営基盤はより強固なものになりました。

　六代目伊兵衛が当主だった頃は、ちょうど江戸を中心にした町人文化（化政文化）の最盛期でした。豪商たちも、文化人のパトロンになってその文化を支えました。六代目伊兵衛も例外ではなく、書画のコレクターとして有名でした。松尾芭蕉の墨絵、円山応挙の名画、鈴木春信の初版摺錦絵などを多数収集していたといいます（そのほとんどが関東大震災で焼失してし

まいました）。晩年には蜀山人大田南畝や、国学者で歌人の村
田春海、絵師の狩野栄川らがたびたび店に訪れるなど深い交流
があったとされます。

　六代目亡きあともにんべんは発展を続け、八代目髙津伊兵衛
の頃には、幕府の勘定奉行・池田播磨守から直属御用商人に取
り立てられ、他の四人の豪商とともに「徳川五人衆」と呼ばれ
るまでになりました。

1

価格戦略

「現金安売り掛け値なし」
業界初の導入
──「定価」で鰹節を売る

　三井越後屋が呉服で生み出した画期的な商法「現金掛け値な
し」から約30年がたっていましたが、当時、多くの商売では
まだ年に二度代金を回収する「掛け売り」が一般的でした。相
手によって商品の値段を変えていたので「定価」もありません。
鰹節問屋の業界でも同様でした。

　そんな中、伊兵衛は鰹節問屋では初めての「現金掛け値なし」
の商法を導入しました。金・銀・銅（銭）という３種の貨幣が
流通し、換算率も変動相場だった当時、定価で商売することは
画期的だったのです。

　店の帳場の上には「現金掛け値なし　小判六十目　銭時相場」
という伊兵衛直筆の看板が大きく掲げてありました。これは小

判1両を銀60匁と同価として、銅貨（銭）に関しては時価相場で換算しますという意味です。

2 顧客多様化戦略

高級な「本座節」だけでなく日常使いの「小箱節」も扱う
——ラインナップの充実

　初代伊兵衛が創業した頃、江戸にはまだ鰹節問屋は多くありませんでした。その後、鰹節の需要が高まるにつれ数が増え、そば屋・料理屋などの飲食店のみならず庶民も商売相手になっていきます。

　大名家の御膳や贈答用には高級な本座節を取り扱う一方、町人の日常使いには小箱節を扱うことで廉価販売を可能にするなど、商売相手も多角化を図ってきました。そうすることで、仮に大型取引先がなくなったとしても危機を乗り越えられる体質になったのです。

　にんべんには、「商いをするなら自分たちで物を作るな」という言い伝えがあるといいます。初代からずっと自分たちで鰹節を作ることはしませんでした。

　自分たちで作ったものだと、どうしても品質に妥協してしまう。作ってもらったものだから、その品質を見極めて、いいものだけを仕入れて販売できると考えたからです。現在においてもにんべんは、数多くの商品を販売していますが、そのほとん

どは協力工場に生産を依頼しています。

3 前払いビジネス
「イの切手」の衝撃
──商品券による前払いビジネス

　六代目伊兵衛が起こした最大のイノベーションは、銀製の鰹節の形をした「イの切手」を発行したことです。これはあらかじめ「イの切手」を買っておくと、店頭で同価格の鰹節に引き換えてもらえるというものです。

　今でいう「商品券」の先駆けと言えるでしょう。にんべんでは、これを国内で初めて世に広めることに成功したとうたっています。諸説ありますが、少なくとも江戸においては初めての革命的な試みでした。

　なぜなら、商品を売るより先にお金が入ってくることによって、キャッシュフローが大幅に改善するからです。現在の「前払いビジネス」の先駆けだと言えます。

　六代目伊兵衛が当初銀製にしたのは、「商品券」という概念がなかった時代に、同じ価値のあるモノでないと信用してもらえないと考えたからでしょう。ただし、それでは上記の②のメリットは受けることができません。やがて商品券に対する理解と信用が深まると、銀製から紙製に切り替えていきました。紙製商品券への転換は、発行コストの大幅な軽減と同時に大量発行を可能にしました。

贈答品としても大変重宝されるようになった鰹節の商品券は、江戸の町中へと広がり、にんべんのキャッシュフローも改善していったのです。このお金の余裕が、明治以降に何度か訪れる経営危機を救いました。

●取りつけさわぎの対応で株を上げる

　明治37（1904）年、この年の2月に日露戦争が勃発。にんべんは軍用食糧として鰹節を国に大量に納めていました。ところが6月、『東都日報』という新聞がにんべんに対して「高津伊兵衛山師仕事に手を出しまさに破産せんとす」と根も葉もない中傷記事を載せました。すると、その記事を読んだ多くの人が、にんべんの商品券を現物に引き換えようと押しかける大騒ぎになったのです。警官が派遣され、日本橋通りの交通がストップするほどでした。結局、その日持ち込まれた1円（現在の価値で約1万円）の商品券は、なんと約5万4000枚になりました。当時の当主十代目高津伊兵衛は、同業者や魚河岸にも応援を求めて5万4000本の鰹節を揃え、夜を徹してその対応に当たりました。翌日も取りつけ騒ぎは続きましたが、にんべんは常に店頭に鰹節を山のように積み上げて冷静に引き換えに応じたため、やがて騒ぎは終息したのです。

　この騒ぎの様子は『東京朝日新聞』や雑誌『東京』などで報道され、にんべんの対応は称賛されたといいます。実際、引き換えた鰹節はすべて上品質で、本来の目方よりも多く交換したため、この取りつけ騒動は、かえってにんべんと商品券の信用を高めることになったのです。その結果、商品券は爆発的に売れるようになったといいます。

 イの切手
● 江戸で初の "商品券"
● 現在の「前払いビジネス」の先駆け

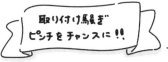

取りつけ騒ぎ
ピンチをチャンスに！！

日露戦争の際、新聞に「にんべんが倒産寸前」と、根拠のない中傷記事を書かれてしまう

↓

にんべんの商品券を替えようと、日本橋の交通がストップするほど人が押しよせる

↓

5.4万枚もの商品券が持ち込まれるが、冷静に引き換えに対応

↓

かえって にんべん & 商品券 の信用が高まった！

・・・ メリット ・・・

① 売上・利益が確定
② キャッシュフローの大幅改善
③ 未納や未回収などのトラブル予防
④ 顧客の商品購入時の迷いを消す

「商品券」という概念がなかった時代。まずは銀製の商品券にしておいて、理解・信用が高まったところで、紙製へ切り替えをおこなった！

●にんべんの現在

　にんべんは、幕末明治維新における御用金の未回収、日露戦争時の取りつけ騒動、関東大震災での店舗全壊など、さまざまな危機を乗り越えました。第二次世界大戦後は、液体調味料「つゆの素」、鰹の削り節「フレッシュパック」という革新的な商品を世に出し大ヒットに繋げました。

　2009年、創業310周年に髙津克幸氏が代表取締役に就任します（2020年に十三代高津伊兵衛を襲名）。その翌年には、「コ

レド室町1」に引き立ての「だし」をスタンドバー形式で味わえる「日本橋だし場」をオープン。その後、だしのうま味を楽しむレストラン「日本橋 だし場 はなれ」、弁当専門店「日本橋だし場 OBENTO」などを出店して事業領域を広げています。

\前払いビジネスの先駆け/
にんべん 代々の 髙津伊兵衛

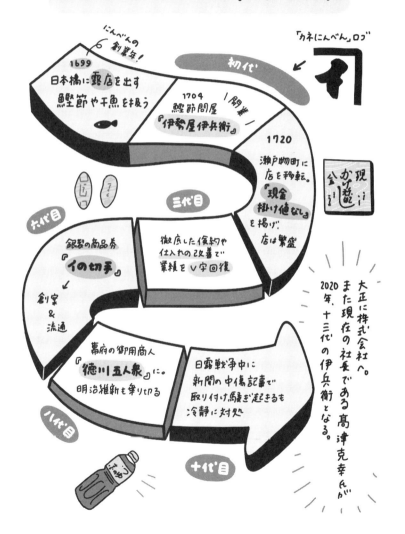

「カネにんべん」ロゴ
初代

にんべんの創業年！
1699
日本橋に露店を出す
鰹節や干魚を扱う

1704
鰹節問屋
『伊勢屋伊兵衛』
開業

1720
瀬戸物町に
店を移転。
『現金
掛け値なし』
を揚げ、
店は繁盛

現金
かけ値なし
会

三代目
徹底した倹約や
仕入れの改善で
業績をV字回復

六代目
銀製の商品券
『イの切手』
創案＆流通

幕府の御用商人
『徳川五人衆』に。
明治維新も乗り切る

日露戦争中に
新聞の中傷記事で
取り付け騒ぎが起きるも
冷静に対処

八代目

十代目

大正に株式会社へ。
また、現在の社長である髙津克幸さんが
2020年、十三代の伊兵衛となる。

会員制前払いシステムで稼ぐ コストコ

　にんべんは商品券によりキャッシュフローを大幅に改善しました。これとは少し違う形ですが、同じく前払いビジネスで成功を収めている企業があります。アメリカ生まれのスーパーマーケット「コストコホールセール（以下コストコ）」です。アメリカ以外にも、カナダ、メキシコ、日本、台湾、韓国、オーストラリア、イギリス、中国などにも合わせて800ほど出店しています。

●原価率はなんと90%

　コストコの特徴は、倉庫のような巨大フロアに、パレット（荷役台）に載せられて入荷した商品をそのまま並べ、ケース売りやダース売りで販売していることです。

　食料品はもとより、衣料品、化粧品、薬品、大型雑貨、電化製品、宝飾品まで幅広く取り扱っています。商品管理や陳列にかかる費用や手間を徹底的に抑えることで、低価格販売を実現しているのです。その原価率はなんと90%だといいます。

●コストコのビジネスモデルは?

　しかしコストコの本質は低価格販売ではなく、会員制というビジネスモデルにあります。利益のほとんどは、利用者が払う年会費によってもたらされているのです。たとえば日本の場合、

年会費は個人会員4400円（税抜）です。年間購入額の2%の還元があるエグゼクティブ会員は9000円（税抜）となっています。

　スーパーマーケットの会員であることにお金を払うと考えると、そこそこ高額に感じます。しかし、一度会員になると、買い物をする時のお得感や満足度が非常に高くなり、購買意欲が高まるのです。利用すればするほどお得なので、頻繁に利用してくれます。それをブログやSNSで発信してくれるので勝手に口コミが広がり、それを見て新たに会員になってくれる人が増えるという好循環が生まれるのです。チラシなどの広告費にお金をかける必要もありません。商品の販売で利益を出さなければならない他のスーパーには真似ができないでしょう。

●会費を払っても満足する理由

　もちろん、買い物で大きな満足を得られないと、この循環は崩れてしまいかねません。コストコの店舗は広大で、ものすごい量の商品が置かれています。しかし、商品アイテムでいうと標準的なスーパーよりはるかに少ない約3000種類しかなく、コンビニ並みといいます。要は、本当に人気のある商品だけを低価格で仕入れて大量に販売しているのです。それだけ仕入れバイヤーの目利き力も重要になっています。

　このようにコストコは、会員制による前払いビジネスモデルによって、経営の負担を減らす代わりに、顧客には原価に近い価格で販売することで満足度を上げ、商売繁盛を続けているのです。

日本橋の200年超老舗企業

　江戸時代の初め、五街道の起点であった日本橋は、全国の商業の中心でした。

　本書でも「三井越後屋」「西川」「山本山」「山本海苔」「にんべん」と江戸時代から日本橋にあった老舗で、現在も事業が存続している会社を取り上げてきました。ここでは、本文で取り上げられなかった老舗企業である国分グループ本社と榮太樓總本舗について紹介します。

●国分グループ本社

　酒類・食品の卸売会社、専門商社として知られている国分のルーツは、伊勢商人です。

　正徳2（1712）年、伊勢松坂出身の四代國分勘兵衛が常陸国土浦（現在の茨城県土浦市）で醬油醸造業を始め、江戸日本橋本町に「大国屋」の屋号で販売拠点を構えたことに始まります。続く五代勘兵衛は江戸店を本町から日本橋西河岸町（現在の中央区日本橋 国分グループ本社ビルの地）に移しました。宝暦6（1756）年「亀甲大醬油」の販売を開始します。最上級の醬油との評価を得て、日本橋でトップクラスの問屋となりました。

　明治維新に伴い、幕府や土浦藩などの大口需要先が失われ、御用金も貸し倒れとなりました。また原材料費の高騰や低価格品の醬油も出回り始めたことで経営は苦しくなります。

　明治13（1880）年、九代勘兵衛は、170年弱続いた醤油醸造を断念、新時代に沿った食品を扱う事業へと大きく転換しました。卸問屋として様々な食料品を市場に提供することにしたのです。その後、自社ブランドの缶詰製品なども生産。「K＆K」「tabete」「桐印」などのブランドが広く知られています。

●榮太樓總本鋪

　文政元（1818）年、それまで武蔵国飯能（現在の埼玉県飯能市）で菓子商をしていた細田徳兵衛が、2人の孫（長孫安太郎、次孫安五郎）を連れて江戸・九段坂に出て、「井筒屋」を構えたことが始まりです。

　徳兵衛の曽孫にあたる3代目細田安兵衛（幼名栄太郎）の時に大きく発展します。栄太郎は幼い頃から、父とともに日本橋のたもとにある屋台で金鍔（きんつば）を販売していました。「大きくて甘くて美味しい」と魚河岸の商人たちの評判を呼び、栄太郎の孝行息子のイメージとともに、その噂は江戸中に広まったといいます。

　若くして父と叔父を亡くした栄太郎は、弱冠19歳で井筒屋の当主になり3代目細田安兵衛を襲名しました。彼の頑張りにより、井筒屋はいつのまにか、「栄太郎」と呼ばれることが多くなり、ますます繁盛しました。そして安政4（1857）年、日本橋西河岸町（現在の中央区日本橋 栄太楼ビルの地）に独立の店舗を構え、「榮太樓」と屋号を改称しました。

　日本橋を本拠地に「榮太樓」になってからも、様々な菓子を創案しました。

　「梅ぼ志飴」「甘名納糖」「玉だれ」は特に好評で、榮太樓の名

を世に広めました。それまで高価だったお茶菓子を庶民も気軽に楽しめるようにする役割を担ったのです。

　現在の榮太樓總本鋪は、「あめやえいたろう」「にほんばしえいたろう」「からたにえいたろう」「ピーセン」などのテーマと専門性を持つブランドを展開しています。

第 10 章

紀伊國屋文左衛門

「ストーリーブランディング」で江戸一の豪商に

沖の暗いのに白帆が見える　あれは紀ノ国みかん船

紀伊國屋文左衛門（きのくにや・ぶんざえもん）

1669？〜1734？年◎元禄時代を代表する豪商。「紀文」と呼ばれ、数々のエピソードが残っている。中でも「みかん船伝説」や吉原における「豪遊伝説」が有名である。しかし、文献的資料がほとんどなく、生没年や出身地もはっきりしない。

紀伊國屋文左衛門みかん船伝説 「マーケティング戦略」のポイント

大衆が応援したくなる
物語を提示して
その主人公になる

1
ロコミ戦略

事前に噂を広げ 歌を流行らせる

2
ストーリーブランディング

物語の主人公になり 応援してもらう

3
コト消費

参加したくなるイベントで お客さんを巻き込む

●江戸随一の豪商は伝説上の人物？

　江戸時代で一番有名な商人と言えば、紀伊国屋文左衛門で
しょう。元禄バブルに乗って一代で成り上がった破天荒な豪商
として世に知られています。特に「みかん船」のエピソードは、
歌舞伎・大衆演劇・小説・長唄・講談などでしばしば取り上げ
られ有名です。「紀文」「紀文大尽」と呼ばれ、様々な豪遊伝説
も伝えられています。しかし、実際には文左衛門に関しての文
献的資料はほとんど残っていません。

　語り継がれている伝説の多くが、幕末に紀伊国屋文左衛門を
モデルに創作された『長者永代鑑』（為永春水）や『黄金水大
尽 盃 』（二世為永春水）などの小説が元になっているといいま
す。特に後者は12年間にわたって28編も続き、非常に多くの
人に読まれた結果、それ以降の書物が揃ってこの小説の逸話を
あたかも史実のように採用したと言われています。

　実際に文左衛門が生きていた頃の書物には、彼のことが一切
触れられていません。その名前から紀州（和歌山県）出身だと
推測されますが、当時の記録や墓なども一切残されていません。
出身地として有力だとされる和歌山県有田郡湯浅町には立派な
「紀伊國屋文左衛門之碑」が建っていますが、これは1959年
に松下幸之助が奉納したもので、生誕地であるという物証は何
も残っていません。

●なぜ「みかん伝説」を取り上げるのか？

　このように謎が多いことから、架空の人物であるという説も
あるくらいです（現在では実在はしたというのが大半の見方で
す）。文左衛門が亡くなってから約70年後に、戯作者の山東京

伝が「紀文は享保19（1734）年、66歳で死んだ」と書き残していることから、かろうじて寛文9（1669）年生まれであると推測されています（ただし、これは息子の二代目文左衛門のことだという説もあります）。

このように不確かなことが多いのですが、本項ではあえて文左衛門を一躍有名にした「みかん船伝説」を取り上げ、そのマーケティングポイントを解説することにします。なぜなら、たとえ史実ではなかったとしても、これほどまでに多くのコンテンツで伝えられてきているということは、多くの人の感情を大きく動かす要素があり、そこに現在のビジネスへのヒントがあると考えるからです。

※以下は、色々なバージョンがある「みかん船伝説」を筆者がアレンジしてまとめたものです。

●江戸でみかん不足　紀州で大豊作

当時の江戸では、旧暦11月8日に「ふいご祭り」が各地の神社で盛大に行なわれていました。「ふいご」とは、鍛冶などの際に使われる風を送る機械のこと。鍛冶や鋳物師はこの「ふいご」をとても大切に考えていて、一年お世話になった御礼に近くの神社で祭りを行なっていたのです。この時、集まった地元の見物客に対して、大量のみかんを撒くのが恒例になっていました。

ある年、江戸ではみかんの価格が急騰していました。嵐で時化が二カ月以上続いて、紀州から江戸への船が出せなかったためです。鍛冶屋からは「これでは今年のふいご祭りにみかんを

使うことができない」という声が上がっていました。一方、紀州では名産の有田みかんがまれにみる大豊作でした。しかし大消費地の江戸に出荷できないため、大量にみかんが余り価格が暴落していました。大坂の商人にタダ同然で買い叩かれ、生産者にとって死活問題になっていたのです。

●紀文、江戸へみかんを運ぶ決意をする

江戸では暴騰して紀州では暴落。江戸に出てまだ数年、当時まだ20代前半だった文左衛門は、このニュースを聞いて、ある決意をしました。自分で船を出して、ふいご祭りに間に合うように、紀州から江戸へみかんを運ぶというものです。

ただし当時の文左衛門には、まだ船やみかんを買うようなお金を持っていません。そこで神主をしている妻の実家から大金を借り、オンボロ船を購入して修理し船員たちを集めました。命の危険があるからと前払いという好条件です。

江戸では紀伊國屋文左衛門という男が、故郷のために決死の覚悟で紀州にみかんを買いつけに行くという噂が流れていました。同時に「沖の暗いのに 白帆が見える あれは紀ノ国みかん船」という歌が流行り始めていました。みんなその曲に合わせて「かっぽれ」という踊りをつけて歌うのです。いずれも文左衛門本人が発信源でした。

また文左衛門は、鍛冶屋などの代表に「紀州からみかんを運んでくるので、無事に着いたらぜひふいご祭り用に買ってほしい」と根回しをしました。文左衛門の故郷に対する想いを聞いた鍛冶屋たちは、二つ返事で了承したといいます。

みかん船の伝説

ふいご祭り

旧暦11月8日に江戸各地で行われていた、鍛冶屋が1年の感謝をするお祭り

見物客にみかんを配る風習

ある年のみかん不足

嵐で海がずっと荒れていて、紀州↔江戸の船が出せない

 江戸

みかんが不足し高騰
ふいご祭りで使えない

⟷

  紀州

みかんが大量に余り暴落
生産者は死活問題

文左衛門の事前準備

妻の実家から大金を借り、危険な船旅に出ることを決意

鍛冶屋にみかんを買ってもらう約束をしリスクマネジメント

故郷のためみかんを買い付けにいく男がいるという噂を流す

みかん船の歌を流行らせ、話題性を高める事前準備をおこなう

船出のパフォーマンス

白い衣に装束のパフォーマンス

故郷の紀州を救うため、命を落とす覚悟でみかんを運んで参ります！

↳見物客は大盛り上がり！誰からともなく歌を歌い、踊り出した

結果…大成功!!

大量のみかんを買いつけ嵐の中帰還した文左衛門

町民は決死の覚悟で運ばれたみかんに価値を感じ、高値で飛ぶように売れた！

文左衛門は結果、5万両（現在の約50億円！）の大金を手に入れたとか…

●紀文、一世一代のパフォーマンス

　江戸から紀州に船出する日、文左衛門は噂を聞いて駆けつけてきた見物客に向けて一世一代のパフォーマンスをします。文左衛門を先頭に、船員たちはいずれも真っ白な着物（死に装束）で大勢の人の前に立ちました。決死の覚悟を示すためです。そこで文左衛門は、「故郷の紀州を救うために、ふいご祭りで使ってもらうために、命を落とす覚悟でみかんを運んで参ります」と挨拶をしてから出航しました。大げさといえば大げさですが、見物客は盛り上がります。

　誰からともなく「沖の暗いのに　白帆が見える　あれは紀ノ国みかん船」と歌い、踊り始めました。

　その後、紀州に着いた文左衛門は大量のみかんを買いつけ、嵐の中を江戸に持ち帰りました。そこには、出発の時より大勢の見物客が溢れ返っていました。ふいご祭り用はもちろん、残ったみかんも高値で飛ぶように売れました。

●江戸でも大坂でも大儲け

　町民は決死の覚悟で運んできたことに、より大きな価値を感じたのです。一説には、このみかん船で文左衛門のもとには5万両（約50億円）の大金が転がり込んできたといいます。

　さらに、こんな後日談も残っています。江戸でみかんが完売した頃、大坂で洪水が起きて伝染病が流行っているという噂が流れてきました。文左衛門は、江戸にある塩鮭を買えるだけ買い占めました。そして、人を使って大坂で「流行り病には塩鮭が一番効くらしい」という噂を流しました。

　その後、文左衛門は、みかんの代わりに塩鮭を大量に積んだ

船で大坂に向かいました。塩鮭は高値で飛ぶように売れたといいます。またも大金が転がり込んできたのです。

1 ［口コミ戦略］

事前に噂を広げ、歌を流行らせる
──パフォーマンスとPR戦略

　文左衛門は、実際にみかん船に乗って紀州に向かうというパフォーマンスを行なう前に、できるだけ噂や歌を広めるようにしました。一般の町民たちにとって、みかんはそこまでの大きな関心事ではありません。しかし、噂や歌を何度も聞くようになると、だんだんと「みかん船」のことが気になっていきます。このように、事前に情報を広めて期待感を煽ることは、後で述べる「コト消費」において重要な役割を果たします。

　また、ふいご祭りの関係者にあらかじめ話すことで安定した大取引先を確保しておくのも、リスクマネジメントの観点からはすぐれた施策と言えます。

ストーリーブランディング

ストーリーの黄金律で
欠落した主人公に
——多くの人から応援される存在に

　文左衛門の行動は結果的に大金を得ました。しかし、動機としては「故郷の紀州のみかんを救う」「ふいご祭りのみかんを仕入れる」という「大義」がありました。行動に大義があると、「物語の主人公」になることができ、まわりの人はその主人公を応援したくなります。

　特にその物語が「ストーリーの黄金律」に沿ったものになっていると、人の感情を大きく動かすことができます。

ストーリーの黄金律
1、欠落したもしくは欠落させられた主人公が
2、遠く険しいちょっと無理なのではという目標に向かって
3、いろいろな障害や葛藤を乗り越えていく

　みかん船伝説はまさにこの「ストーリーの黄金律」に則ったものであることがわかるでしょう。だからこそ多くの人の心を動かしたのです。

　このように「人」「企業」など「物語の主人公」になって、周囲からの応援を受けて価値を高める手法をストーリーブランディングと呼びます。みかん船伝説は、ストーリーブランディングの先駆けだと言ってもいいでしょう。

3 コト消費

「みかん船」を
コト消費させる
── 一大イベントにして消費意欲を高める

　文左衛門は出航する際に多くの人を集め、みかんを運んでくること自体を大きなイベントにしました。運んできたみかんは高値で売れましたが、**多くの人はモノとしての「みかん」が欲しかったわけではなく、みかん船というイベントによって運ばれてきた「みかん」だからこそ、高いお金を出してもいいと考えたのです**。これは現在で言うところの「コト消費」の先駆けです。

「コト消費」とは、一般的な物品を購入する「モノ消費」に対し、非日常的な体験を伴う「コト」に価値を感じてお金を使うことをいいます。みかん船伝説の例は、「コト」によって「モノ」の価値を高めた好例です。

●材木商になり江戸随一の豪商に

　紀伊国屋文左衛門は、みかん船で得た利益で材木商になりました。「火事と喧嘩は江戸の華」と呼ばれていたくらい江戸では火事が多く、建築に必要な材木を扱う商売はどんどん繁盛しました。

　さらに、幕府の側用人柳沢吉保や勘定奉行萩原重秀らの要人に、賄賂や接待でうまく取り入り、大規模な公共工事を次々に受注したという側面もありました。中でも上野寛永寺根本中

堂の改築に使用するすべての木材を一手に受注した時は、なんと50万両（500億円）もの儲けを出しました。

　山東京伝は、『近世奇跡考』の中で文左衛門のことを以下のように描写しています。

「材木商を家業とする世に聞こえし豪商である。常に花街で遊んで大金を浪費するのを快としていた。それ故、「紀文大尽」というあだ名で世に知られている。宝永年間には、本八丁堀三丁目すべてが紀文のお屋敷になった。毎日のように畳を新調した。これはお客さんが来るたびに新しい畳を敷き代えるからである。これひとつをとってもどれだけの富豪かわかるだろう」

　文左衛門の屋敷は本八丁堀三丁目（現在の中央区八丁堀四丁目付近）にあったとされていますが、儲けるにつれ増築していき、ついには三丁目全体が彼の屋敷になりました。また来客のたびに、畳を新しく敷き代えていたといいます。

　遊廓の吉原では、文左衛門の豪遊伝説がいくつか残っています。たとえば節分の時に豆の代わりに金粒を撒いたり、大門を閉め吉原全体を貸し切りにする総仕舞いを3度行なった等です。吉原の総仕舞いには一夜で2300両（約2億3千万円）かかったと言われています。

　このように豪奢を極めていた文左衛門でしたが、将軍徳川綱吉の死後、柳沢吉保が引退し、萩原重秀が失脚するなど後ろ楯を失ったことで徐々に没落していきます。晩年は商売を辞め、深川八幡近くに住まいを移し、俳句を詠んで優雅に暮らしたと伝わっています。

大手メーカーに立ち向かう ダラーシェイブクラブ

　紀文がストーリーブランディングで豪商に成り上がったように、大手メーカーに立ち向かうという「物語の主人公」になることで、起業して5年あまりで1000億円以上の価値を生み出した会社があります。それが「ダラーシェイブクラブ」です。

●パーティーでの出会いから起業

　コメディアンのマイケル・デュビンとビジネスパーソンのマーク・レヴァインは、あるパーティで出会って意気投合しました。そして2011年1月に、二人で「ダラーシェイブクラブ」を立ち上げます。社名通り、「1ドルの安いヒゲそりを定期購入で売る」というサービスを提供する会社です。

　男性の方はご存じでしょうが、ヒゲそりはどんどん高機能になって高価になっています。特にヒゲそりの持ち手の部分は安いのに、替え刃はバカ高いのが特徴です（「ジレットモデル」と呼ばれるマーケティング戦略）。

　創業者の二人は、安くて高品質なヒゲそりを会員に毎月届けるシステムを作れば、きっと支持を得られるはずだという思いで起業したのです。「多くの男性が必要としている」「定期的に買う必要がある」「ついつい買い忘れる」ことから有望な市場だと考えたのです。

　会社創設後から1年はシステムを作ることに専念し、翌

2012年3月にサービスをローンチすることになりました。しかし当時、会社の知名度はゼロ。どうやって会員を集めるかが問題でした。二人が考えたのは、YouTubeに動画を投稿して、設立に至ったストーリー（物語）を発信することでした。

●俺たちのヒゲソリはクソいいぜ！

　動画はコメディアンだったデュビン氏が企画し、自ら主役として出演しました。予算は4500ドル（約50万円）程度。

　Our Blades are F**king great「俺たちのヒゲそりはクソいいんだ」と題された動画の中で彼は、コメディタッチで放送禁止用語を交えながらも、以下のようなことを真面目に語りました。

「大手メーカーは振動したり肌に吸いつくような
値段の高いハイテクのヒゲそりが
必要だと俺たちに思い込ませようとしている。
それはなぜか考えてみよう。
ヒゲそりはもっとシンプルで十分じゃないか？
君の親父さんやおじいちゃんの写真を見てみたまえ。
ハイテクなヒゲそりなんか使わなくても結構カッコいいだろ？
俺たちのヒゲそりはたった1ドルだけどクソいいぜ」

　ダラーシェイブクラブは、当時、市場の98％を占めていた大手メーカーの陰謀に立ち向かうという「物語」を生み出したのです。決めのキャッチコピーは以下の通り。

　Shave Time. Shave Money.（時間とお金をシェーブしよう）

英語の諺である Save Time. Save Money.（時は金なり）をもじったもので、非常にわかりすいフレーズです。

●大きくバズリ、更なる価値を生みだす

この動画は、投稿されるや否やものすごい勢いで拡散されました。投稿からわずか48時間で YouTube の再生回数950万回、Twitter のフォロワー2万3000人、Facebook ファン数7万6000人を達成しました。また動画を見た視聴者が入会申し込みページに殺到し、ダラーシェイブクラブのサイトは、わずか1時間でダウンしました。その後復旧し、48時間で1万2000人の新規顧客を獲得。1週間後には会員数2万5000人、売り上げ180万ドル（約2億円）を達成したのです。

その後もダラーシェイブクラブの会員数は順調に伸び、4年で320万人の会員を擁して、2億ドル（約220億円）の売り上げをあげるまでに成長しました。そして2016年7月、世界的企業であるユニリーバが、ダラーシェイブクラブを10億ドル（約1100億円）で買収したのです。

特に革新的な技術があったわけでもない、どこにでも売っているような消耗品を定期的に売るというアイデアだけです。そこに「強い旗印」を掲げ、大手メーカーに立ち向かうという物語を発信したこと（ストーリーブランディング）で、多くの人の共感を得たのです。その結果、莫大な価値を生み出すことに成功しました。

第 11 章

佐賀藩 第十代藩主 鍋島直正

徹底した「組織改革」でどん底から最強藩へ

日本の産業革命は佐賀から始まった!!

鍋島直正 (なべしま・なおまさ)

1814〜1871年◎肥前国佐賀藩十代藩主。号は閑叟。徹底した組織改革でどん底だった佐賀藩を、全国一の技術力と軍事力を持つ雄藩へと押し上げた名君。九代藩主・鍋島斉直の十七男として、江戸佐賀藩邸で生れる。17歳で藩主になると、節約やリストラによって支出を抑制。借金を整理し、磁器・茶・石炭などの産業育成を通じて収入を増やすことで財政改革を行った。身分に関係なく有能な藩士を登用。教育にも力を入れ、藩校「弘道館」を拡充した。早くから国防のための兵器の必要性を感じ、鉄製大砲鋳造のための反射炉を築いたり、理化学研究所「精煉方」や海軍伝習所を設置した。その結果、佐賀藩は日本最先端の技術力を持ち、優秀な人材も多数育つようになる。こうして佐賀藩は明治維新期に大きな役割を果たし、日本の近代化を推進する原動力となった。

鍋島直正
「組織改革」のポイント

> 人に投資することで
> 数々のイノベーションを起こす

1
積極的リストラ戦略

思い切ったリストラと
財政改革

2
教育投資戦略

教育に力を入れる
先行投資

3
人材登用戦略

身分に関係なく
優秀な人材を登用

4
イノベーション戦略

藩外から技術者をスカウトし
研究所を創設

●佐賀藩を「日本最強」にした男

　鍋島直正は幕末動乱期の肥前国佐賀藩の藩主です。自らのリーダーシップで破綻寸前だった藩の財政を立て直し、西洋技術を積極的に取り入れて産業や教育の近代化を進めました。やがて佐賀藩は全国トップクラスの軍事力、技術力を擁する雄藩になり、その実は幕府や薩摩藩をもしのいでいたと言われています。

　その結果、佐賀藩は倒幕運動には不熱心だったにもかかわらず、明治維新を迎える頃には薩摩・長州・土佐と並び「薩長土肥」と呼ばれるようになりました。

　このような功績から、鍋島直正は、幕末一の名君と呼ばれています（その一方で他藩からは「そろばん大名」「蘭癖大名」「肥前の妖怪」というような陰口も叩かれました）。

　直正がいかにして、どん底だった佐賀藩を立て直したかを知ることは、現代における企業や団体の組織改革を実行する際、大いに参考になるでしょう。

● 17歳で藩主に。直後に人生最大の恥辱を味わう

　鍋島直正は、佐賀藩9代藩主・鍋島斉直の嫡子として、文化11（1814）年、江戸桜田の佐賀藩邸（現在の日比谷公園敷地内）で生まれました。12歳で、3歳年上の盛姫（11代将軍徳川家斉の娘）を正室に迎えます。天保元（1830）年には、父の隠居により17歳で佐賀藩36万石の家督を継ぎ藩主になりました。

　当時、佐賀藩の財政は破綻寸前でした。フェートン号事件（※1）をきっかけに長崎警備に費用がかかっていた上に、2年前にシーボルト台風（※2）による甚大な被害にも遭っていました。

また父である先代藩主・斉直がぜいたく好きだったこともあり、借金が雪だるま式に膨んでいたのです。

　直正が藩主になって早々に、いかに藩の財政が逼迫しているかを知らされる屈辱的な事件がありました。

　江戸生まれ江戸育ちの直正が、藩主になって初めて佐賀にお国入りすることになった時のこと。大名行列をもって江戸屋敷を出発しましたが、品川の本陣に到着するや、いっこうに出発する気配がありません。直正が事情を聞くと、家臣は「江戸屋敷で買っていた日常品の代金が未払いであり、殿様の代替わりを機にそれを取り立てようと商人たちが藩邸に押しかけてきたため、出発が遅れている」というのです。

　直正は「状況は聞いていたが、藩の財政はここまで困窮していたとは」と嘆きました。本来であれば一番晴れがましいはずの日に味わったこの屈辱を一生忘れずに、佐賀藩を立て直そうという強い思いを固めたといいます。行列は夜になってようやく品川を出発しました。

※1　フェートン号事件…文化5（1808）年8月15日イギリス軍艦『フェートン』号が、オランダ国旗を掲げて長崎港に不法侵入した事件。艦長ペリュー大佐は、オランダ商館員を拉致して長崎奉行に飲料水、薪、食糧などを要求。拒否すれば港内の船舶を焼き払うと脅され、長崎奉行はやむなく要求を受け入れる。結局、それらを受け取ったフェートン号は人質を釈放して出帆した。その後、奉行松平康英は責任をとって切腹。警備の当番だった佐賀藩も、藩主鍋島斉直が100日間の逼塞を命じられた。

※2　シーボルト台風…文政11（1828）年8月9日に日本に襲来し、九州北部に甚大な被害をもたらした台風。佐賀藩だけで死者が約1万人出た。この台風によって、当時日本に滞在中だったドイツ人学者・シーボルトが乗っていた船が座礁し、日本地図を国外に持ち出そうとしていたことが発覚したこと（シーボルト事件）から名付けられた。

●佐賀城火災をきっかけに藩政改革を実行

　佐賀に着任した直正は、藩の財政を立て直そうと倹約令を出します。しかし、藩政の実権は前藩主の父・斉直やその側近たちが握っていました。彼らの抵抗が強かったため、なかなか思い通りの結果は得られず、直正は忸怩（じくじ）たる思いを抱き続けていました。

　天保6（1835）年、藩の中枢であった佐賀城二の丸が大火で全焼するという大事件が起きます。直正は、この大きなピンチを利用しました。早々に「佐賀城本丸」再建を宣言すると、父・斉直やその側近たちから実権を奪い取り、藩政改革を一気に押し進めたのです。

　直正によるこの一連の改革は「佐賀藩天保の改革」と呼ばれ、財政の健全化、行政のスリム化、人材の発掘、産業の発展などの大きな成果を生み出したのです。

●アヘン戦争をきっかけに海防強化

　天保11（1840）年、イギリスと清との間でアヘン戦争が勃発しました。しかも、大国と思われていた清は、イギリス軍の近代兵器を前になすすべもなく敗北し、屈辱的な南京条約を結ばされて香港はイギリスの植民地になってしまいました。

　長崎警備の任にあった佐賀藩では、欧米列強に対する警戒が急速に高まっていきます。中でも直正は、「このままでは日本も同じ運命を辿ってしまう」と敏感に反応し、海防強化のために西洋砲術の本格導入を決意します。

　天保15（1844）年、直正は藩主自ら長崎に来航していたオランダ軍艦パレンバン号に乗船しました。鉄製大砲を積載した

最先端の巨大軍艦は、直正にさらに大きな衝撃を与えます。欧米列強の外圧に立ち向かうには、西洋式の蒸気船と大砲を自前で造り、対抗できるだけの軍事力を持つしかないと考えるようになりました。

●日本初！　国産大砲の製造に成功

まず手をつけたのが、炉内で銑鉄を高温で溶かす装置である反射炉の建設です。大砲を鋳造するためにはなくてはならない装置です。しかし、日本ではまだ実用化されておらず、参考になるのはヒューゲニン著『ロイク王立鉄製大砲鋳造所における鋳造法』というオランダの書物のみ。反射炉はできましたが、そこからの製鉄、大砲づくりは難航を極めました。何度も失敗を重ねましたが、諦めずに試行錯誤を繰り返し、嘉永5（1852）年に大砲の製造に成功。日本で初めて近代製鉄所の原型を作り上げたのです。

その翌年、ペリーが黒船に乗って浦賀沖に来航します。あわてた幕府は佐賀藩に、鉄製大砲の納品を依頼します。直正は先見の明があったということでしょう。実際、品川砲台に設置されたのはほとんどが佐賀藩製の大砲でした。

さらに直正は、洋式の造船ドックの建設を指揮し、日本で初めて実用化された洋式蒸気船（凌風丸）を完成させました。また当時、世界最先端だったアームストロング砲の自作にも成功し、佐賀藩は、薩摩、長州はもとより、幕府をもしのぐほどの軍事力や技術力を身につけるようになったのです。

●肥前の妖怪と恐れられる

　日本初と言える産業革命を実行し、日本一の技術力や軍事力を誇った佐賀藩でしたが、他藩からの直正の評判は芳しくありませんでした。強引な債務整理を行なったことから「そろばん大名」と呼ばれたり、オランダをはじめとする西洋文化に傾注したことから「蘭癖大名」という陰口を叩かれたりしました。また、勤王、佐幕両派が対立する中、どちらにも味方せず態度を明確にしなかったことから、直正は両派から「肥前の妖怪」と呼ばれ気味悪がられていました。

　直正は、武力による倒幕に反対でした。日本国内での内戦は何としても避けるべし、という信念を持っていたため、どちらにも加担したくなかったのです。それは大政奉還・王政復古になっても継続されました。慶応4（1868）年1月に鳥羽伏見の戦いが終わると、徳川慶喜の恭順姿勢などの状況を見据え、より早く内乱を収めるためにようやく官軍に加わったのです。

●戊辰戦争の功労から新政府の中枢に

　佐賀藩の最初の活躍は上野戦争でした。最新鋭の武器であるアームストロング砲の威力はすさまじく、たった半日で上野山に立て籠る彰義隊を壊滅させました。その後の東北における戦闘での佐賀藩の活躍が大きかったため、明治維新を主導した「薩長土肥」と呼ばれる雄藩の一角に入ることになりました。発足したばかりの明治政府では、直正が育てた人材が大いに活躍したのです。

　直正自身も岩倉具視らとともに新政府の議定に就任しました。また、藩の領地を朝廷に返納して国家統一を図る意見にい

ち早く賛成し、これに土佐、長州、薩摩も同調、他藩も続々と版籍奉還を願い出ることになりました。

　明治2（1869）年には、初代北海道開拓長官に就任。直正本人は体調を崩していたため、実際に北海道へ赴任することはなく、まもなく大納言に転任しますが、諸藩に先んじて佐賀藩の民を北海道に移住させました。

　そして明治4（1871）年1月18日、東京永田町の自宅で亡くなります。享年58歳。最後の言葉は「廃藩置県に協力せよ」だったといいます。

1 積極的リストラ戦略

二の丸全焼からのV字回復
── 最大のピンチをチャンスに変える

　直正が17歳で藩主になってから約5年間、思い通りの改革はできませんでした。自らがまだ若く経験不足だったことに加え、前藩主の父やその側近たちが実質的に藩政を牛耳っていたからです。

　天保6（1835）年、直正が22歳の時に、佐賀城の二の丸が火事で全焼します。

　100年前に本丸が焼けてから藩の政務の中心であった建物です。ただでさえ財政難にあえぐ佐賀藩にとっては、存亡の危機とも言える最大のピンチでした。

　しかし、直正はこの大ピンチをチャンスに変換します。二の

幕末佐賀藩 V字回復

直正、17歳で佐賀藩主になったものの、実権はあまり握れていなかった…

このまるではなく、100年前に全焼していた本丸を再建させるという決断

さまざまな手立てを講じ、藩の財政再建

『そろばん大名』とも呼ばれた

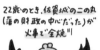

22歳のとき、佐賀城のこのまる（藩の財政の中心だった）が火事で全焼!!

財政難だった佐賀藩は超ピンチに…!!

見事成功！

佐賀藩　実権

ピンチをチャンスに変え、直正は実権を握るように

丸ではなく本丸を再建し、いままでバラバラだった行政機関を集中させることにしました。その費用の2万両（約20億円）は、妻の盛姫の縁もあり幕府から借金しました。

　藩政の中心を本丸に移すことで、権力の譲渡が行なわれることを藩内に明確に示す役割もありました。このビッグプロジェクトを成功させたことで、直正は本当の意味での藩主になったのです。

　直正はまず、困窮した藩の財政再建に着手します。巨額の負債を大胆に削減するために、元金の一部を数十年の長期分割で返済し、後は債権放棄をさせるという方法を取りました。さらに、江戸藩邸の予算の大幅削減や、参勤交代の規模の縮小などの経費削減を強行していきました。一方でロウソク・磁器・茶・

石炭など産業育成・交易に力を注ぐことで増収を図りました。

　これらの施策のせいで、直正は「そろばん大名」と揶揄されましたが、藩の財政は大幅に好転しました。

　その後、直正は、自らの幼少期の教育係でもあった儒学者の古賀穀堂の提言を取り入れ、「人材登用」「教育」「行政」「財政」「農政」「医療」「産業」「軍事」などの分野での改革を一気に進めていきます。

2 〔教育投資戦略〕

惜しみない「人への投資」医学教育の推進
──天然痘のワクチンを佐賀から全国へ

　藩の実権を握った直正は、役人の3分の1にあたる420人を一気にリストラし、身分にとらわれず改革派の藩士を登用しました。改革派の有能な側近を揃えたのです。

　そして新たな人材発掘のために、藩校の弘道館の敷地を3倍にし、予算を7倍にしました。**財政難にあえぎ、あらゆることを節約していた時にもかかわらず、「人への投資」は怠らなかったのです。**

　弘道館には、家老から下級武士まで全藩士の子弟の入学を求め、優秀な成績を収めれば身分にかかわらず抜擢することを明言しました。それまでの門閥制度(代々の家柄で役職が決まる)をひっくり返す大改革でした。一方で、25歳までに成果を収

めなければ家禄を減らし、役人に採用しないとした厳しい「文武課業法」を制定し、徹底して勉学を推奨したのです。

　直正はさらに蘭学寮や医学館を設けて、蘭学や医学を積極的に学ばせ、多くの人材を輩出します。それまで世襲が一般的だった医者になるための免許制度を初めて導入しました。

　また当時、佐賀で大流行していた不治の病「天然痘」を根絶するため、直正は牛の痘苗（ワクチン）をオランダから取り寄せるよう命じます。当時、痘苗を打つと牛になるという俗説があり敬遠されていましたが、あえて幼い息子に接種することで安全性を世に示しました。その後、種痘は佐賀から全国に普及し、多くの人命が救われることになりました。

人への投資

大胆な改革

- 役人の1/3にあたる420名を一気にリストラ
- 身分関係なく改革派の有能な藩士を登用

人への投資は財政難でも惜しまない

藩校『弘道館』の敷地を3倍、予算を7倍に拡大

身分にとらわれない成果主義

25歳までに成果がなければ家禄を減らし役人に登用しないという『文武課業法』

3 人材登用戦略

総理大臣をはじめ
佐賀の七賢人を輩出

　佐賀藩はその後も「人への投資」に力を注ぎ、家柄・身分にとらわれずに人材を登用しました。その結果、多くの優秀な人材を輩出します。明治新政府で活躍した副島種臣、大木喬任、大隈重信、佐野常民、江藤新平、島義勇らの佐賀藩士はすべて弘道館の出身者です。

●弘道館出身の主な人物（鍋島直正を含め「佐賀の七賢人」と呼ばれる）

副島種臣（そえじまたねおみ）（1828-1905）

　明治政府の政治家・外交官として、外務卿（第3代）、内務大臣（第4代）、枢密院副議長（第2代）などを務める。

大隈重信（おおくましげのぶ）（1838-1922）

　第8代、第17代内閣総理大臣。日本で初の政党内閣を組織した。東京専門学校（現在の早稲田大学）の創設者。

大木喬任（おおきたかとう）（1832-1899）

　明治元年東京府知事に就任。江戸を東京とすることに尽力した。初代文部卿などを経て教育制度の確立に力を注ぐ。

佐野常民（1822-1902）

佐賀藩精煉方主任を経て、日本初の実用蒸気船「凌風丸」を完成。また、佐賀藩団長としてパリ万博に参加、赤十字運動を知り、のちに日本赤十字社を創設。

江藤新平（1834-1874）

明治新政府の中核で活躍し、廃藩置県を断行。初代司法卿として近代司法制度の基礎をつくる。明治7年佐賀の乱で敗れ、刑死。

島義勇（1822-1874）

幕末に北海道と樺太を探検・調査。明治2年、北海道開拓使主席判官に就任し、札幌のまちづくりの指揮を執る。明治7年佐賀の乱で敗れ、刑死。

4 イノベーション戦略

藩外から技術者をスカウト
──日本初の理化学研究所を創設

　直正は西洋の科学技術をいち早く取り入れることで、幕末の佐賀藩を日本一の「技術先進国」にしました。

　日本初の反射炉を建設し、大砲の製造に成功。日本で初めて近代製鉄所の原型を作り上げたことは、前述した通りです。

「日本の産業革命は佐賀から始まった」と言っても過言ではありません。

　藩外から優秀な技術者をスカウトしたのも直正の大きな功績です。日本初の理化学研究施設である「精煉方」を創設し、他藩の優秀な技術者を招きました。その中でも久留米藩出身の田中久重は大きな役割を果たしました。

●東芝の創設者田中久重を重用

　久重は、当時流行していた「からくり人形」の新しい仕掛けを次々と考案して「からくり儀右衛門」の異名を持つ技術者でした。その後、大坂で西洋技術を学び、不定時法に対応する万年時計「万年自鳴鐘」などを完成させていました。

　嘉永6（1853）年、久重は佐野常民からの誘いで佐賀に移住し、精煉方に着任します。直正から「からくりが作れるんだから、蒸気機関も作れるはずだ。ぜひ作ってほしい」と言われた久重は、「人間の頭にひとたび浮かんだ思いつきは、必ず実現できます」と応じたといいます。その後、久重は精煉方の中心メンバーとして、国内初の蒸気機関車の模型を製造することに成功。慶応元（1865）年には国内初の蒸気船「凌風丸」を完成させるという偉業を成し遂げました。

　ちなみに、田中久重は明治6（1873）年に73歳で東京に移住。その2年後の明治8年に、東京・京橋区南金六町（現在の銀座八丁目）に、電信機関係の製作所・田中製造所を設立します。この会社は、のちに「東芝」の前身となりました。

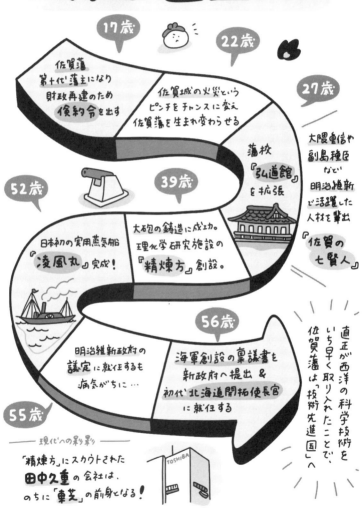

組織改革の先駆け
鍋島 直正 の一生

17歳
佐賀藩
第十代藩主になり
財政再建のため
『倹約令』を出す

22歳
佐賀城の火災という
ピンチをチャンスに変え
佐賀藩を生まれ変わらせる

27歳
大隈重信や
副島種臣
など
明治維新
で活躍した
人材を輩出
『佐賀の
七賢人』

藩校
『弘道館』
を拡張

52歳
日本初の実用蒸気船
『凌風丸』完成!

39歳
大砲の鋳造に成功。
理化学研究施設の
『精煉方』創設。

56歳
海軍創設の稟議書を
新政府へ提出 &
初代北海道開拓使長官
に就任する

明治維新政府の
議定に就任するも
病気がちに…

55歳

直正が西洋の科学技術を
いち早く取り入れたことで、
佐賀藩は「技術先進国」へ

―― 現代への影響 ――
「精煉方」にスカウトされた
田中久重の会社は、
のちに「**東芝**」の前身となる!

TOSHIBA

「富士フイルム」の奇跡
組織改革で事業転換

　どん底だった佐賀藩を鍋島直正が組織改革していったように、事業のコアであった産業が消滅する危機に直面しながら、イノベーションと組織改革により新しく生まれ変わることができた企業があります。それが富士フイルムです。

●巨人コダック経営破綻の衝撃

　写真フィルム業界の世界需要は、2000年をピークに急激に落ち込みます。急速なデジタルカメラの普及により、6年で市場規模は半分になり、2010年には10分の1になりました。たった10年で市場規模が90％も減ったのです。

　そのあおりを受け、2012年1月には、写真フィルム産業の世界的リーダー企業で巨人と呼ばれたイーストマン・コダック社が倒産しました。ロールフィルムおよびカラーフィルムを世界で初めて発売したかつての超優良企業の経営破綻は世界に衝撃を与えました。実は、1970年代にデジタルカメラを発明したのもコダックでした。やがてデジカメの時代が来るとわかっていながら、抜本的な対策を打つことができなかったのです。

●世界一になった富士フイルムの危機感

　そんなコダック社の背中を追いかけ、世界のフィルム業界で覇権を争っていたのが、日本の富士フイルムです。　1960年当

時は10倍以上の売り上げの差がありましたが、1990年にはコダックの約3分の2のシェアまで迫り、2001年にはとうとうコダックを抜き悲願の売り上げ世界一になります。

既にこの頃、富士フイルムは大きな変革に着手していました。当時、写真フィルム事業は全社の売り上げの6割、利益の3分の2を占めるコア事業です。しかしこのままではいずれ行き詰まると、新規事業の重要性を訴えていた古森重隆を新社長に抜擢しました。

●危機感を訴え、3分野の新規事業へ進出

古森は就任早々、社内に向けて「自動車が売れなくなったトヨタ自動車をイメージしてほしい。このままでは生き残れない。新しいビジネスモデルを再構築する必要がある」と危機感を訴え、デジタルに進出していくのはもちろんのこと、企業を挙げて以下の3つの新領域に進出することを宣言しました。

①既存の技術や組織＋新市場
＝既存の技術や組織を生かして新しい市場に進出
②新規の技術や組織＋既存市場
＝新しい技術や組織を作って既存の市場に進出
③新規の技術や組織＋新市場
＝新しい技術や組織を作って新しい市場に進出

富士フイルムは多くの会社を買収し、1年半で2500億円をかけて社内組織を大再編します。

●化粧品、医薬品など様々な新規事業が花ひらく

そもそも写真フイルムの生産は、「化学の芸術品」と呼ばれるほどに高度な技術が必要でした。その過程で培ってきた2000ものフィルム用化学物質の技術を使って、化粧品、医薬品、再生医療、LCD、半導体、ITなど、様々な分野の事業に進出しました。

結果として、この取り組みが功を奏しました。のちのスマホの登場で、デジタルカメラ市場も急速に縮小したからです。もし富士フイルムが、写真の分野のデジタル化だけに取り組んでいたなら、10年もたたないうちに再び大ピンチを迎えていたでしょう。

現在、富士フイルムの売上構成は、写真カメラ関連のものはわずか14％に過ぎません。その代わり、新規事業の重点事業分野であった「ヘルスケア」「高機能材料」などのBtoBの事業が約44％の売上をあげています。

第 **12** 章

伊能忠敬

歴史に残る「シニア起業」のロールモデル

夢を持ち前へ歩き続ける限り、"余生"はいらない

伊能忠敬　（いのう・ただたか）

1745～1818年◎蝦夷地（北海道）から九州までを測量し、極めて精度の高い日本地図（「大日本沿海輿地全図」）を作り上げたことで知られる。18歳で下総国香取郡佐原村（現在の千葉県香取市佐原）で商家伊能家の婿養子に入り、家業を発展させた。51歳で家督を息子に譲り隠居。以前から興味のあった暦学（現在の天文学）を学ぶため江戸に出て、幕府天文方の高橋至時に師事する。学問的興味から蝦夷地への測量を幕府に願い出て許可される。測量の旅は寛政12（1800）年から文化13年（1816年）まで、17年をかけて行われた。忠敬は、地図の完成を見ることなく74歳でその生涯を閉じた。

伊能忠敬
「シニア起業」のポイント

熱意と柔軟さで
隠居後に世界に誇る
大事業を成しとげる

1

年下メンター戦略

年齢の上下に関係なく
最適の師を見つける

2

大義名分戦略

大義を訴えて
まわりの支持を得る

3

損して得とれ戦略

持ち出しであっても
まず成果を見せる

●前人未到! 実測による日本地図を作成

　伊能忠敬の名前はご存知の方も多いでしょう。17年をかけ、徒歩で日本全国を測量して『大日本沿海輿地全図』という正確な日本全土の地図を作成させた偉業で知られています。しかし、忠敬が「前半生に商人として成功したこと」や「隠居後になぜ全国を測量することになったのか？」まではご存知ない方も多いのではないでしょうか？　当初、忠敬は地図を作りたくて測量に出かけた訳ではありません。別の目的がありました。

　忠敬の隠居後の生きざまは、最近増えているシニア起業において参考にすべき事例であり、ロールモデルともいえるでしょう。

●過酷な幼少期を過ごす

　伊能忠敬は延享2（1745）年、上総国山辺郡小関村（現在の千葉県山武郡九十九里町）の網元である小関五郎左衛門家当主・小関貞恒の第三子（次男）として生まれました。忠敬が6歳の時に母親が亡くなり、婿養子だった父親は離縁され実家に戻ることになりました。兄や姉は父についていきましたが、なぜか忠敬は小関家にひとり残されます。

　それから10歳で父のもとへ引き取られるまでの4年間、忠敬は小関浜の納屋で起居し漁具の番をして過ごすという、過酷な幼少期を過ごしたと言われています。その後も、父親と兄・姉・忠敬の家族は、親類や知人の家を頼って流浪の生活をしていました。そんな中でも、忠敬は学問に優れ、特に算術は非常に得意でした。

●佐原の大豪商伊能家の婿養子に

　宝暦12（1762）年、忠敬18歳の時、下総国香取郡佐原村（現千葉県香取市佐原）の酒造家・伊能三郎右衛門家の娘である達（みち）と結婚し婿養子になります。伊能家は佐原で有数の商家でしたが、当主が次々と亡くなるなどの不幸が重なり、商売も停滞していました。そこで、新たな跡継ぎとして白羽の矢が立ったのが忠敬だったのです。伊能家の親戚だった家で、土地改良工事の現場監督として忠敬を使ったところ、素晴らしい采配を振ったことで気に入られたのがきっかけでした。

　当時の佐原村は、利根川からの舟運の中継地として栄え、人口はおよそ5000人という関東でも有数の村でした。幕府直轄の天領であり、江戸との交流が盛んで、物流だけでなく人や情報も行き交っていました。このような佐原の土地柄は、後の忠敬の活躍にも影響を与えたと考えられています。

●多角経営で事業を拡大

　伊能家の十代目当主に就いた若き忠敬は、当初はうまくいかなかったようです。病気で長期間寝込んでいた時期もありました。しかし、やがて類まれなる経営手腕を発揮するようになります。その手法は多角経営でした。本業の酒造業に加え、米の取引、店賃貸などの不動産業にも取り組みました。江戸においては薪炭問屋の経営や金貸業も手がけ事業を拡大したのです。

　忠敬が30歳だった安永3（1774）年と、50歳だった隠居前年の寛政6（1794）年における伊能家の収入が記録に残っています。それによると、前者が約351両（約3510万円）、後者が約1264両（約1億2640万円）と、20年間で約3.6倍も収入を

伊能忠敬の前半生

多角経営

本業の酒造業のほか、様々な商売をして大成功

米の取引

店貸貸など 不動産業

薪炭問屋

金貸し業

驚異の収入アップ！

30歳時点で約351両（現在の約3510万円）

50歳のときには約1264両に‼（現在の約1億2640万円）

★ 51歳にして3万両（30億円）もの資産を築き、隠居

★ 人柄も良く尊敬され、村の取りまとめ役に

★ 学問も探究も！天文学にのめり込む

忠敬

伸ばしています。これは多角経営の成果と言えるでしょう。

　またその実直な人柄はまわりからの尊敬を集め、天明元（1781）年、忠敬37歳の時には、佐原村の名主に選出され、村のとりまとめ役も担うようになりました。その翌年から「天明の大飢饉」が起こり、全国で餓死者が続出しましたが、忠敬が困窮者にも手を差し伸べたことで佐原からは1名の餓死者も出さなかったと伝えられています。

◉事業のかたわら暦学の勉強を続ける

　このように経営者や村のリーダーとして優れた手腕を発揮した忠敬でしたが、幼少期に好きだった学問も探求も忘れていま

せんでした。江戸から様々な書物を取り寄せ、夜な夜な読みふけっていたのです。中でも忠敬の興味をそそったのは、当時最先端の学問であった暦学（現在の天文学）でした。暦学に関する書物は 1000 冊以上も取り寄せ、独学で最新知識を学び続けていたのです。

　寛政7（1795）年、51歳になった忠敬は家督を長男に譲り隠居しました。この時、伊能家は 3万両（約30億円）もの資産があったといいます。

●単身江戸に移住し、19歳年下の師匠から学ぶ

　隠居した年、忠敬は単身江戸深川に移住しました。かねてから興味を持ち続けてきた暦学・天文学を本格的に学ぶためです。ちょうどその頃、新進気鋭の天文学者・高橋至時が、改暦のため大坂から幕府天文方暦局に抜擢され、江戸に着任したところでした。その噂を聞きつけた忠敬は、弟子入りを志願したのです。

　こうして 19歳年下の師匠・至時の弟子となった忠敬は、江戸で研究生活を始めました。肩書は「天文方高橋至時弟子浪人伊能勘解由」です（勘解由は隠居名）。忠敬は、受け身で学ぶのではなく、自分でどんどん研究を進め、疑問点を師に質問するという方法で勉学に励んだといいます。またその財力をもって天文を観測する機材を買い集め、自宅に小規模ながら幕府天文方に匹敵するようなクオリティの観測所を設置しました。

　昼は太陽の南中高度を測り、夕方からは星の観測を毎日定時に行なうことで、「推歩」という天体運行の計算に熱中しました。日中に金星の南中を観測したのは、忠敬が日本で最初でした。昼間の星は滅多に見られないものなので、余程まめに観測して

測量の本当の目的

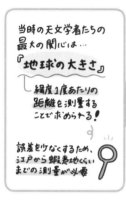

当時の天文学者たちの最大の関心は…

『地球の大きさ』

緯度1度あたりの距離を測量することで求められる！

誤差を少なくするため、江戸から蝦夷地ぐらいまでの測量が必要

当時、蝦夷は幕府直轄の禁足地で勝手に測量しちゃダメ！

but

幕府はロシアの脅威を感じ、蝦夷の正確な地図を必要としていた

蝦夷地の測量を申し出

「蝦夷の地図をつくる」という大義をかかげ、本当の目的である「緯度1度あたりの距離をもとめ、地球の大きさを知る」ことを達成しようとした！

いたということでしょう。実際に忠敬は、悪天候の日以外は人とゆっくり話すこともせず、たとえ師匠の至時から話を聞いている時も、夕方になるとそわそわしてあわてて帰り、懐中物や脇差などを忘れて帰ることもしばしばだったといいます。

　当初、至時は自分に弟子入り志願をしてきた忠敬を、年寄りの道楽だと思っていましたが、そのあまりの熱心さに「推歩先生」というあだ名をつけ尊敬するようになりました。

● 「地球の大きさ」を知りたい！

　当時、至時をはじめ、日本の天文学者たちの最大の関心は、「地球の大きさ」でした。地球が球体であることは、オランダの書物から知っていましたが、その大きさは諸説ありはっきりとわかっていなかったのです。地球の大きさを知るには、「子午線1度の距離」を正確に計測しなければなりません。そのために

は、同じ経線上の南北の二つの地点の距離を正確に測り、それぞれの地点で北極星などの恒星の位置を観測して緯度を明確にする必要がありました。しかし日本で実測した例はなく、正確な数字はわかっていませんでした。

　忠敬も当然「子午線1度の距離」を知りたいと思うようになります。深川の自宅から浅草の天文台までの距離を何度も歩いて測量し、それを元に「子午線1度の距離」を計算しました。その数字を至時に報告すると、「そのような短い距離で求めても誤差が大きすぎて意味がない。信頼できる値を求めるならば、少なくとも江戸から蝦夷地（北海道）ぐらいまでの距離が必要だ」と一蹴されてしまったのです。

　もちろんそれで諦める忠敬ではありません。だとしたら蝦夷地まで測量に行って「子午線1度の距離」を計測したいと思い立ちます。しかし、当時の蝦夷地は幕府直轄の禁足地。勝手に行ったり計測したりすることは許されていませんでした。

●幕府に許可をもらうための大義

　至時には作戦がありました。当時、ロシアの脅威が迫っていたことから、幕府が蝦夷地の正確な地図を必要としていることを知っていたのです。蝦夷地へ行って測量を行ない地図を作成するという名目ならば、幕府も許可するのではないかと考えたのです。地図のための計測をしつつ緯度も計算すれば、「子午線1度の距離」もわかるかもしれません。

　しかし、一介の商人である忠敬が測量に行くことは、幕府からなかなか認められず、ようやく許可が出たのは寛政12（1800）年でした。しかも、「測量」ではなく「測量試み（予備調査）」

という名目で、支払われるのはわずかな日当だけ。そのほとんどは自費という条件でした。それでも蝦夷に行って天体観測をできると知った忠敬は、大いに喜びました。

●第一次測量を開始

　寛政12（1800）年閏4月19日、忠敬は56歳にして、測量のために蝦夷地へ旅立ちます。歩測で距離を測りながら北上し、津軽半島の最北端・三厩から蝦夷地に入りました。5月29日、箱館（現在の函館市）を出発し、蝦夷地測量を開始します。一行は海岸沿いを測量しながら進み、夜は天体観測を行ないました。海岸沿いを通れない時は山越えをしました。蝦夷地での計測は過酷でした。道は険しく整備されていないところも多いのに加えて、宿もありません。宿泊は会所や役人の仮家を利用しました。

　そんな過酷な状況下で、忠敬らは117日かけて蝦夷を測量しました。9月18日に蝦夷を離れて津軽三厩に到着し、そこから本州を南下して、10月21日、人々が出迎えるなか千住に到着しました。計180日、往復3200キロの旅で、途中81ヵ所で天体観測を行ないました。

　11月上旬から測量データを元に地図の作成にかかり、約20日間を費やし地図を完成させました。完成した地図は12月21日に幕府に提出しています。師の至時は、忠興の測量について「蝦夷地で大方位盤を使わなかったことについては残念だ」としながらも、その精度は「予想以上だ」と高く評価しました。

●師の死を乗り越えて全国を測量

　最初の地図の評価が高かったことから、忠敬は翌享和元（1801）年4月に第二次の測量に旅立ちます。測量方法も改善し、間縄を使うことでより精度の高い測量が可能になりました。その後、忠敬は17年かけて全国を測量することになり、歩いた距離は地球一周分に近かったと言われています。

　第四次計測で東日本の測量が終わり、忠敬が江戸に戻ってきていた時、師でありこの計測事業を陰で支えてくれていた高橋至時が、41歳という若さで亡くなるという訃報がありました。

　文化13（1816）年、最後に江戸府内の測量を終えると、これまでの実測資料を総合し、それに弟子の間宮林蔵が蝦夷地で実測してきた資料を加えて、日本地図の作成に取りかかります。しかし忠敬はその完成を見届けることなく、文政元（1818）年4月に亡くなりました。74歳でした。

●驚くほどの精度の日本地図が完成

　地図が未完成だったことから、忠敬の死はしばらく伏せられ、至時の息子高橋景保が中心となって、作成が続けられました。文政4（1821）年、ようやく「大日本沿海輿地全図」として幕府に献上され、日本地図の完成という御用は終わりました。大図214枚、中図8枚、小図3枚からなる大作でした。

　そこでようやく、忠敬が亡くなったことも公表されたのです。3年以上も死を隠したのは、弟子たちはあくまで「忠敬の作品」として世に出したかったからだと言われています。その地図の精度は、人工衛星からの映像を見た専門家も驚くほど誤差が少ないものだったのです。

年齢に関係なく
最適の師を見つける

　伊能忠敬の偉業は、師の高橋至時の存在なくしては語れません。弟子入り当時、忠敬51歳、至時32歳で年齢差19歳。儒教社会で長幼が重要視された当時としては、異例と言えるかもしれません。しかし、忠敬はそんなことは気にしませんでした。最適と思える師を選んだのです。

　至時の弟子にならなかったら、忠敬が全国の測量を行ない、日本地図を作ることもなかったでしょう。前述したように、至時の悲願は「緯度1度あたりの距離」を実測することにより「地球の大きさを知る」ということでした。忠敬もこの思いに感化され、その手段として蝦夷地を測量しに行くことになりました。

●自分の数値を認めない師に決裂寸前

　しかし、現場で実際に測量してきた忠敬と、あくまで机上の論理で考える至時の間に対立が生まれることもありました。忠敬は第二次測量の後、「緯度1度あたりの距離」として28.2里（約110.75キロメートル）という数字を導き出し、至時に報告しました。しかし至時は、それが正しいとは認めませんでした。

　この時はまだ自分の数字に完全な自信を持っていなかった忠敬でしたが、第三次測量の結果からも28.2里という数字を出し、今度は自信を持って至時に報告しました。しかし至時は「そ

の数字は少し大きすぎるのではないか」と認めてくれませんでした。自分が実測していない至時としては、どうしてもその数字を認める根拠を持てなかったのです。

　この時、忠敬は腹を立てて至時に「そんなに私の実測が信用できないのなら、今後の測量はご辞退します」と告げ、師弟関係は決裂寸前にまでなりました。　至時は何とか忠敬をなだめ説得し、第四次測量（東海・北陸）に向かわせました。

●上野に並んで眠る師弟

　その後、至時は28.2里という数字が正しいことを知ることになります。フランスの天文学者ラランドが書いた「天文学」のオランダ語訳を手に入れ読んだからです。その内容は、至時が知るこれまでの天文学の書物をはるかに超えるレベルの高いものでした。至時は、この書物で初めて「地球が完全な球ではなく、極半径が赤道半径より若干短い回転楕円球である」ことを知りました。

　至時がこの書の記述をもとに、緯度38度付近における子午線1度の長さを計算して日本の尺度に換算したところ、ぴったり「28.2里」という数字が出たのです。至時は、弟子の忠敬が出した数字に確信が持てたことに大喜びし、さっそく、計測の旅に出ていた忠敬に手紙を出しました。忠敬も師にその数字を認めてもらってさぞかしうれしかったことでしょう。その翌年、至時は病気で亡くなってしまいますが、忠敬はそこから10年以上測量を続けました

　忠敬は自分の死の直前、「私がここまで来ることができたのは高橋至時先生のおかげであるから、死んだ後は先生のそばで

眠りたい」と語りました。その遺言通り、東京・上野にある源空寺に二人の墓は並んであります。

大義名分戦略

本来の目的ではなく
大義を訴える

　前項でも語りましたが、忠敬が蝦夷地測量の旅に出かけた本当の動機は、地球の大きさを知りたかったことです。しかし、それでは幕府から許可が降りないことは明らかでした。そこで、至時は「蝦夷地の地図を作るための測量」という大義を掲げ、幕府と交渉します。当時、ロシアの脅威もあり「蝦夷地の地図」を作ることは幕府の緊急の課題だったからです。正しい地図を作るためには、その地点での北極星の高度を精密に測って緯度を調べる必要があったので、天文方である至時が関わること自体は不自然ではありません。

　当初、幕府は忠敬を蝦夷地まで船で送ろうとしました。重い測量器具が多数あるので、海路で現地まで行くのは合理的でした。ただそれでは、江戸との距離を実測して子午線1度の距離を調べたい忠敬や至時にとっては意味がありません。至時は陸路で行くと将来に役立つことを幕府に願い出ています。また、測量器具を最小限にするなどの交渉の結果、何とか陸路で蝦夷に向かう許可が降りました。このようにきちんと「大義」を立てて交渉したからこそ、プロジェクトは動き出したのです。

● **忠敬の決意表明**

　忠敬は出発直前、幕府の蝦夷地取締御用掛の松平信濃守忠明に申請書を出しました。そこには以下のような決意表明が語られています。

　ありがたいことにこのたび公儀の御声掛りで蝦夷地に出発できるようになりました。ついては、蝦夷地の図と奥州から江戸までの海岸沿いの諸国の地図を作って差し上げたいと存じますので、この地図が万一にも公儀の御参考になればかさねがさねありがたいことでございます。（中略）地図はとても今年中に完成できるわけではなくおよそ三年ほど手間取ることでございましょう。この上はなにとぞ、蝦夷地から江戸までの海沿いの諸国の地図の御用の御声掛かりをお願い申し上げます。

　忠敬は、このようにまずは「地図作成」という大義を前面に掲げることで、官僚組織である幕府を少しずつ動かしていったのです。

3 ［損して得とれ戦略］

まず「持ち出し」で始めて成果を見せる

　第一次測量時、至時や忠敬から幕府に願い出た条件の多くは認められませんでした。測量器具・人足・馬なども大幅に削減

されました。名目も「測量試み」ということで、予備調査くらいの扱いでした。幕府から忠敬に支払われたのは日当の銀7匁5分（約1万2千円）のみ。これで助手や従者を連れ、器材を運ぶための馬や人足を雇って長い旅に出るのですから、大幅な赤字です。

　忠敬がこの測量に持参したお金は100両（約1000万円）で、江戸に戻ってきた時には、1分（約2万5000円）しか残っていませんでした。また、測量器具に70両（約700万円）くらいはかかったとのことなので、幕府からの日当は総額20両あまり（約200万円）は出ましたが、それを差し引いても150両（約1500万円）のお金を自分で持ち出したことになります。

　商人として成功した伊能忠敬だから出せたとも言えますが、普段、忠敬は倹約家で無駄なお金は1文たりとも使わなかったといいますから、このプロジェクトにかける並々ならぬ決意が窺えます。幕府が何の実績もない忠敬に測量の許可を出したのも、至時の推薦であることもさることながら、器材を既に購入し、道中も大幅な持ち出し覚悟であったことも大きかったでしょう。

　忠敬は結果を出し続けたことで、第四次測量からは幕臣となり、大人数の測量隊を率いて旅をすることになりました。お金を持ち出す必要もなくなり、多くの藩からも丁重にもてなされることになったのです。

　このように成果が見えないプロジェクトにおいては、まず自分の持ち出しでやってみせることも必要です。今も昔も、実際に成果を見ないと判断できない人が多いからです。

＼ シニア起業の先駆け ／
伊能 忠敬 の一生

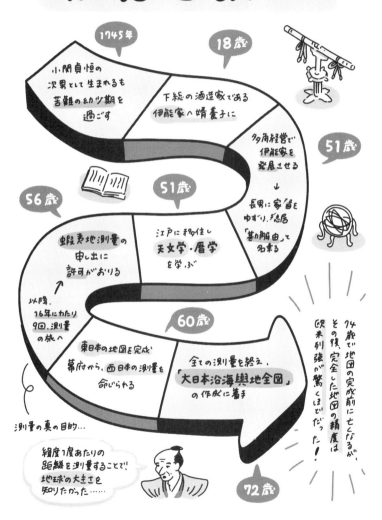

1745年 **18歳**

小関貞恒の次男として生まれるも苦難の幼少期を過ごす

下総の酒造家である伊能家へ婿養子に

51歳

タタ商経営で伊能家を発展させる
↓
長男に家督をゆずり、隠居
「墓の崩由」と名乗る

51歳

江戸に移り住し
天文学・暦学を学ぶ

56歳

蝦夷地測量の申し出に許可がおりる

以降、16年にわたり9回、測量の旅へ

60歳

東日本の地図を完成
幕府から、西日本の測量を命じられる

全ての測量を終え、
「大日本沿海輿地全図」の作成に着手

74歳で地図の完成前に亡くなるが、その後、完全した地図の精度は欧米列強が驚くほどだった！

測量の真の目的…

緯度1度あたりの距離を測量することで！！地球の大きさを知りたかった……

72歳

229

60歳でライフネット生命を起業
出口治明

　現在、定年後の起業がちょっとしたブームになっています。その中でも成功例として有名なのが、60歳でライフネット生命を創業した出口治明でしょう。現在は、立命館アジア太平洋大学学長であり、著述家としても活躍しています。

　伊能忠敬同様にシニア起業のロールモデルというべき存在と言えるでしょう。

●左遷からの退職

　1948年、三重県に生まれた出口は、京都大学法学部卒業後、日本生命に入社。様々なセクションを経験し、ロンドン現地法人社長、国際業務部長など順調に出世コースを歩んでいました。しかし当時の社長と意見が合わず、ビル管理をする関連会社に突然出向を命じられます。いわゆる左遷です。

　既に55歳になっていた出口は、もう本社に戻ることはないと思いました。そこで生命保険から身を引く潮時だと考えて、後輩たちのために遺書のつもりで『生命保険入門』という本を執筆します。そして2006年、58歳の時に同社を退職しました。

● 60歳でライフネット生命を起業

　生命保険とはきっぱり縁を切るつもりでしたが、ある人から「こんなに保険に詳しい人に会ったのは初めてです。一緒に

保険会社を作りましょう」と誘われたことをきっかけに、起業を決意します。そして「若くて保険業界を知らない人」という条件で、起業パートナーを探してもらうことにしました。出口自身が保険業界に詳しい年配者だったので、その真逆のパートナーと組むことによってダイバーシティが実現できると考えたのです。そこで紹介されたのが、ボストンコンサルティング勤務等を経て当時、ハーバード大学のビジネススクールに留学中だった岩瀬大輔でした。

　こうして2008年5月、三井物産、セブン＆アイ・ホールディングスなどから出資を受け、60歳の出口を社長に、32歳の岩瀬を副社長にライフネット生命保険が生まれました。独立系の生命保険会社の創業は74年ぶりで戦後初でした。特徴は、出口の「保険料を半分にして安心して赤ちゃんを産める社会を創りたい」という理念を実現するために、営業費を下げ「申し込みをネットに特化する」ことでした。

●設立時の目標を達成し上場を果たす

　こうして生まれたライフネット生命は、テレビCMや出口や岩瀬が頻繁にメディアに紹介されたこともあり、知名度を上げていきます。設立時の目標である「創業5年以内に保有契約件数15万件以上」を4年半で達成し、2012年3月には東証マザーズへの上場を果たしました。

　出口は2017年、69歳でライフネット生命を退社。翌年、大分県別府市にある立命館アジア太平洋大学学長に就任しました。また歴史への造詣が深く、多くの本を執筆してベストセラーになっています。

おわりに

「江戸式マーケ」を最後まで読んでいただきありがとうございます。 あなたにとって、何かしらの発見があったなら、とてもうれしいです。

　もし機会があれば181Pの「江戸式マーケ日本橋絵図」を参考に、東京・日本橋付近を散策してみるのはどうでしょう? 三越、にんべん、山本山、山本海苔店、西川、榮太郎総本舗など、江戸時代とほぼ同じ場所で今も営業している店が数多くあります。創業者たちの歴史を知りつつ訪れると感慨深いものがある筈です(私も執筆中に何度か訪れました)。もちろん東京だけでなく、大阪の大丸心斎橋店をはじめ、京都、滋賀、富山、三重、和歌山、佐賀、千葉などにも、本書で取り上げた店や人にゆかりの場所が多数あります。機会があればぜひ訪れてみてください。

　本書は数多くの人の協力を得て出来上がりました。企画から出版に至るまで常にサポートしてくれた文藝春秋ノンフィクション出版部の山下覚さん、とてもわかりやすいグラレコ・イラストを描いてくれたチームdotの池田萌絵さんと、それを見守り続けてくれた前田真由美さん、本当にありがとうございます。タイトルについて示唆をいただいた出版勉強会PRPJの皆さま、本のがんこ堂田中武社長にも感謝です。

　本書では、江戸式のマーケティングを再評価するという趣旨

のもと、色々な企業や個人を取り上げさせていただきました。関係者の皆さまには心よりお礼申し上げます。

　それでは、またいつかどこかでお会いしましょう。

川上徹也

参考文献一覧

『江戸商人の経営哲学――豪商にみる成熟期の経営』茂木正雄
(にっかん書房、1994年)

『江戸商人の経営』鈴木浩三 (日本経済新聞出版社、2008年)

『江戸300年 大商人の知恵』童門冬二 (講談社、2004年)

『徳川三百年を支えた豪商の「才覚」』童門冬二 (角川SSC新書、2013年)

『江戸の豪商に学ぶブランドマーケティング』童門冬二 (PHP研究所、2013年)

『豪商列伝 なぜ彼らは一代で成り上がれたのか』河合敦 (PHP研究所、2014年)

『豪商列伝』宮本又次 (講談社学術文庫、2003年)

『豪商への道――現代に生きる「攻め」と「守り」の近江商法』邦光史郎
(PHP研究所、1994年)

『大江戸ビジネス社会』呉光生 (小学館文庫、2008年)

『史料が語る三井のあゆみ:越後屋から三井財閥』三井文庫編
(吉川弘文館、2015年)

『三井越後屋のビジネス・モデル――日本的取引慣行の競争力』武居奈緒子
(幻冬舎、2015年)

「タブー破りまくり「三井・越後屋」のスゴイ戦略
日本のビジネスモデル史上最大級の革新だ」三谷宏治
(東洋経済オンライン、https://toyokeizai.net/articles/-/304869)

『三越をつくったサムライ日比翁助』林洋海 (現代書館)

『帝国劇場開幕――「今日は帝劇 明日は三越」』嶺隆 (中公新書)

『蔦屋重三郎――江戸芸術の演出者』松木寛 (講談社学術文庫、2002年)

『蔦屋重三郎』鈴木俊幸 (平凡社ライブラリー、2012年)

『稀代の本屋 蔦屋重三郎』増田晶文 (草思社、2016年)

「ブランドビジネスの達人だった!
日本史上最強の出版人、蔦屋重三郎を知っていますか?」
(和樂web編集部、https://note.com/warakumagazine/n/n799ad958fa18)

「日本史上最強の出版人蔦屋重三郎は流通の革命家だった!」
(和樂web編集部、2021年1月21日公開
　https://note.com/warakumagazine/n/nd2a4d7cb591d)

「歴史的成功の道のり　蔦屋重三郎(つたや じゅうざぶろう)①」
(トコトコ鳥蔵、2020年7月25日
https://tokotokotorikura.com/蔦屋重三郎(つたや−じゅうざぶろう)①/)

『知的資本論——すべての企業がデザイナー集団になる未来』増田宗昭
(CCCメディアハウス、2014年)

「ふとんの「西川」3社、約80年ぶりに統合のワケ
創業450年、寝具の老舗が挑む大経営改革」真城愛弓
(東洋経済オンライン、2018年12月16日公開 https://toyokeizai.net/articles/-/255394)

「ムコ殿はなぜ変革できた?
創業450年、ふとんの西川」代慶達也、松本千恵
(日経電子版出世ナビ、2016年7月6日公開
https://style.nikkei.com/article/DGXMZO04418900U6A700C1000000/)

『河村瑞賢(人物叢書)』古田良一 (吉川弘文館、1988年)

『河村瑞賢——国を拓いたその足跡——没後三〇〇年』
土木学会土木史研究委員会河村瑞賢小委員会 (土木学会、2001年)

『江戸を造った男』伊東潤 (朝日文庫、2018年)

『江戸期不況を乗り切った「六大商人」の知恵——リストラ時代を勝ち抜く
ヒント(近江商人から富山商人まで)』鈴木旭
(日本文芸社、1994年)

『富の山の人——仕事の哲学——日本一続く
「稼ぐしくみ」富山商人の生き方』森田裕一 (経済界、2012年)

『「だし」再発見のブランド戦略——創業320年の鰹節専門店』高津伊兵衛
(PHP研究所、2020年)

「330年続く老舗が「古くなった」と思われない理由…不易流行の経営術」
(THE21 ONLINE、2021年1月10日公開、https://shuchi.php.co.jp/the21/detail/8264)

「今年で創業330年! お茶と海苔の「山本山」について
あなたはどれぐらい知ってますか?」
(GetNavi web、2020年10月2日公開、https://getnavi.jp/cuisine/530330/)

「紀伊国屋文左衛門の実像」
(えど友第68号、2012年7月公開、
https://www.edo-tomo.jp/edotomo/h24(2012)/edotomo-No68.pdf)

『「コト消費」の嘘』川上徹也 (角川新書、2017年)

『漫画鍋島直正』佐賀県（梓書院、2018年）

『鍋島直正』杉谷昭（佐賀県立佐賀城本丸歴史館、2010年）

「幕末佐賀藩の奇跡 鍋島閑叟（直正） 島津斉彬に先駆けた名君」
『歴史街道 2018年4月号』（PHP研究所、2018年）

『伊能忠敬』小島一仁（三省堂選書、1978年）

『伊能忠敬』今野武雄（社会思想社、2002年）

『生涯学習の先駆者「伊能忠敬」に学ぶ探求心』有川かおり
（生涯学習研究―聖徳大学生涯学習研究所紀要―第18号別冊、2020年）

その他、各企業のWEBサイトなども参考にさせていただきました。

(著者)

川上 徹也（かわかみ・てつや）

湘南ストーリーブランディング研究所代表。大阪大学人間科学部卒業後、大手広告会社勤務を経て独立。「物語」の持つ力をマーケティングに取り入れた「ストーリーブランディング」という独自の手法を開発した第一人者として知られ、様々な企業・団体のマーケティング・アドバイザーを務める。「難しい」ことを「やさしく」「深く」「面白く」伝えることをモットーに作家活動も継続している。著書に『物を売るバカ』『1行バカ売れ』『「コト消費」の嘘』（以上角川新書）、『ザ・殺し文句』（新潮新書）、『川上から始めよ』（ちくま新書）、『自分マーケティング』（祥伝社新書）など。海外でも多数翻訳されている。

(イラスト・グラレコ)

池田萌絵（チームdot）
チームdot

「クリエイティブなZ世代」をテーマに掲げて活動する、100人規模のZ世代コミュニティ。2017年、当時大学生だった代表トミー率いる学生チームとして発足後、株式会社化。新サービス・商品開発に活かしたい企業向けの「Z世代カイギ」をはじめ、Z世代ならではの感性であたたかく伝えるグラレコやムービーなどのビジュアルコミュニケーションも数多く提案。今ではイベントやメディア、ラジオなど多くのジャンルに活動の幅を広げている。

400年前なのに最先端！
江戸式マーケ

2021年6月10日　第1刷発行

著　者　川上徹也

発行者　島田真

発行所　株式会社 文藝春秋

〒102-8008　東京都千代田区紀尾井町3-23
☎03-3265-1211（代表）

印刷所　萩原印刷
製本所　萩原印刷

ブックデザイン　征矢 武
DTP　　　　　福田正知